Götterdämmerung

Romy Schneider, Helmut Berger
und Luchino Visconti
bei den Dreharbeiten zu LUDWIG
in Bad Ischl, 1972

Herausgegeben
von
Wolfgang Storch

Götterdämmerung

Mit Fotografien
von Mario Tursi

Luchino Viscontis
deutsche Trilogie

jovis

Filmmuseum Berlin –
Stiftung Deutsche Kinemathek
© 2003 by Stiftung Deutsche Kinemathek
und jovis Verlag GmbH
© für alle Texte, Textauszüge, Übersetzungen
und Abbildungen siehe Bild- und Textnachweis

Redaktion:
Annette Vogler
Übersetzungen:
Carola Jensen
Peter Kammerer
Klaudia Ruschkowski

Begleitbuch zur Ausstellung
„Götterdämmerung –
Luchino Viscontis deutsche Trilogie"
im Filmmuseum Berlin
21. August bis 16. November 2003

Kurator der Ausstellung:
Wolfgang Storch
Medieninstallation:
Thomas Heise
Ausstellungskoordination:
Peter Mänz

Kooperationspartner/Leihgeber:
Fondazione Istituto Gramsci onlus, Rom
Tirelli costumi, Rom

Gestaltung und Layout:
Volker Noth Grafik-Design
Umschlagfoto:
Luchino Visconti bei den Dreharbeiten
zu MORTE A VENEZIA, 1970
© Mario Tursi
Satz:
Volker Noth Grafik-Design + Satzinform, Berlin
Lithografie:
Satzinform, Berlin
Druck und Bindung:
Offizin Andersen Nexö Leipzig, Zwenkau

Gefördert aus Mitteln des
Hauptstadtkulturfonds

Dank an:
ITALIENISCHE BOTSCHAFT
KULTURABTEILUNG ISTITUTO DI CULTURA

ISBN 3-936314-32-2

Vorwort	Wolfgang Storch Viscontis Einkehr in die deutsche Geschichte	7
Ich, Luchino Visconti	Luchino Visconti Bekenntnisse und Erinnerungen, gesammelt von Aurelio Di Sovico	11
	Hans Werner Henze Trauer um Visconti	16
Viscontis Begegnungen mit Deutschland	Alfons Maria Arns Viaggio in Germania	21
Viscontis Arbeit mit den Drehbuchautoren	Nicola Badalucco Im Gespräch mit Elio Testoni und Marina Marcellini Über LA CADUTA DEGLI DEI und MORTE A VENEZIA	33
	Michael Mann Der verfilmte Tod in Venedig Offener Brief an Luchino Visconti	36
	Enrico Medioli Im Gespräch mit Elio Testoni und Marina Marcellini Über LA CADUTA DEGLI DEI und LUDWIG	39
Viscontis Arbeit mit dem Kostümbildner Piero Tosi	Piero Tosi Im Gespräch mit Caterina d'Amico Über LA CADUTA DEGLI DEI, MORTE A VENEZIA und LUDWIG	43
	Ingrid Thulin Über LA CADUTA DEGLI DEI	44
	Silvana Mangano Über MORTE A VENEZIA	48
Viscontis Einsatz von Musik	Luchino Visconti Im Gespräch mit Lino Miccichè Über MORTE A VENEZIA	49
	Wolfgang Storch Die As-Dur-Elegie von Richard Wagner Von Visconti in LUDWIG eingesetzt	50
Viscontis Arbeit mit den Schauspielern	Luchino Visconti Das anthropomorphe Kino	51
	Helmut Griem Der Wein auf der Tafel	53
	Dirk Bogarde „Diesmal lächelst du"	54
	Dirk Bogarde Der Blick von Charlotte Rampling	55
	Dirk Bogarde „Alle werden Mahler erwarten"	56
	Luchino Visconti und Björn Andresen Visconti findet Tadzio	58
	Helmut Berger „Luchino kannte kein Pardon"	59
	Helmut Griem „Nehmt euch den Raum!"	60
	Ruggero Mastroianni Über den Schnitt	60
	Romy Schneider Aus dem Tagebuch	61
	Giorgio Strehler Visconti	62
Alberto Moravia über die deutsche Trilogie	Alberto Moravia LA CADUTA DEGLI DEI, MORTE A VENEZIA, LUDWIG	63
Statt eines Epilogs	Werner Schroeter Der lachende Tod	68
Anhang	Alfons Maria Arns Filmografie	70
	Alfons Maria Arns Literatur	73
	Autorinnen und Autoren, Bild- und Textnachweis, Ausstellungsteam	76
	Index	79

Luchino Visconti
bei den Dreharbeiten zu
MORTE A VENEZIA, 1970

Wolfgang Storch

Viscontis Einkehr in die deutsche Geschichte

Vorwort

Eine Abschiedsparty in Genf. Am nächsten Morgen fährt Sandra zum ersten Mal mit Andrew, ihrem amerikanischen Mann, nach Volterra, in die Stadt ihrer Kindheit und Jugend. Der Garten hinter dem väterlichen Palazzo soll der Stadt zur Einrichtung eines öffentlichen Parks übergeben und darin eine Büste des Vaters enthüllt werden. Der Vater war Jude. Die Gestapo hatte ihn nach Auschwitz deportiert. „Dalla rabbia nazista strappato" – „Von der Nazi-Wut fortgerissen", steht auf seiner Gedenktafel. Sandra muss annehmen, dass ihre Mutter gemeinsam mit deren Liebhaber, dem Rechtsanwalt Gilardini, jetzt Vermögensverwalter der Familie, den Vater der SS ausgeliefert hatte. Sie hat Nachforschungen in den Archiven angestellt. Sie will Klarheit.

So beginnt der Film VAGHE STELLE DELL'ORSA..., gedreht von Luchino Visconti von Ende August bis Mitte Oktober 1964 in Volterra. Konzipiert als ein Kammerspiel in Schwarz-Weiß, die Zeit Gegenwart, nach dem Film IL GATTOPARDO, der die Kämpfe für ein einiges Italien auf Sizilien vor hundert Jahren schilderte, gedreht in Technicolor auf 70 mm. Visconti hatte eine neue Rolle für Claudia Cardinale gesucht. In IL GATTOPARDO war sie die Tochter des neureichen Bürgermeisters Don Calogero Sedara, die Braut Tancredis, Neffe des Fürsten von Salina: Angelica, ein Engel, für den Vater der Aufstieg in den Adel, für den Bräutigam die finanzielle Absicherung seines Standes.

Ein Bild für die Konstellation, die in Italien wie in Deutschland die Demokratisierung der Gesellschaft verhindert und in zwei Weltkriege geführt hatte. Die Antworten auf den Zusammenbruch waren mit der Gewalt von unten der Faschismus und der Nationalsozialismus, deren Führer die alte Macht von Adel und Bürgertum erneut stützten, um sich selbst zu behaupten, und die die Gewalt wieder gegen unten, gegen jede Form von Demokratie kehrten.

Ein eigenes Bild: Er selbst, Visconti, entstammte einer solchen Verbindung. Sein Vater aus dem Geschlecht der Visconti, das im Mittelalter Mailand beherrscht hatte und noch immer die Gesellschaft der Stadt repräsentierte. Seine Mutter eine Bürgerliche, eine Erba. Ihr Onkel hatte als Angestellter in einer Apotheke begonnen, ein eigenes Labor aufgebaut, die Firma Erba gegründet, war Stadtrat geworden, Mitglied der Handelskammer und des Exekutivkomitees des Italienischen Industrieverbandes, Gründer der Gesellschaft für die wirtschaftliche Nutzung Afrikas.

Suso Cecchi d'Amico, Viscontis Drehbuchautorin, hatte Elektra für die Cardinale vorgeschlagen. Eine griechische Tragödie als Vorgabe: die Tochter, die gemeinsam mit ihrem Bruder das Verbrechen ihrer Mutter, die Ermordung des Vaters, ahndet.

Als zweite Vorgabe wählte Visconti den Roman *Forse che si, forse che no,* den Gabriele d'Annunzio in Volterra geschrieben und 1910 veröffentlicht hatte. Es ist die Liebesgeschichte zwischen Paolo Tarsi, Isabella Inghirami und ihren Geschwistern Vana und Aldo, zwischen dem Flieger, über der Erde eins mit seiner Maschine, und der jungen Witwe, die in das bedeutendste Adelsgeschlecht Volterras hineingeheiratet hatte und jetzt ihre jüngeren Geschwister mitversorgt. Sie führt Paolo, Aldo und Vana in die etruskischen Nekropolen. Dort erfüllt sie den Inzestwunsch ihres Bruders.

Volterra liegt auf einer Höhe mit Delphi, auf 555 Metern. Visconti hat Volterra gewählt als Ort des Abstiegs in die Geschichte. Ein Ort, die Geschichte zu erfahren und die Menschen, wie sie leben in ihrer Schuld, in ihren Verstrickungen. Das Vorbild Dante, der Pilger – nicht Dante, der Richter –, der hinabsteigt und wissen will, was den Menschen widerfuhr, der wartet, dass ein Hauch von Liebe ihn erreicht.

Otto der Große hatte vor über tausend Jahren auf dem Weg nach Rom in Volterra Sachsen als Adlige eingesetzt, auch die Familie Inghirami. Die Visconti sind ebenso deutschen Ursprungs. Als Visconti mit 27 Jahren aus dem faschistischen Italien in das neue nationalsozialistische Reich fuhr, bestätigte die Propaganda die Verbundenheit in der Einheit des Heiligen Römischen Reiches deutscher Nation. Der Kult der Nationalsozialisten hatte Visconti erreicht. Zehn Jahre später wurde er von der faschistischen Geheimpolizei verhaftet, verhört und geschlagen.

1935 schrieb Rudolf Borchardt, der aus Deutschland nach Italien gezogen war, einen Essay über Volterra. Wohl um ein Bild für Deutschland zu finden. Er nannte Volterra eine Stadt, die nicht fähig ist zur Geschichte, nicht fähig, Geschichte zu formen. Borchardt, dessen Traum es gewesen war, dass Deutschland sich wiederfindet in der Einheit mit Italien, sah, dass er mit der Barbarei konfrontiert war. 1944 wurde er von der Gestapo deportiert. Ein Zugwächter ermöglichte ihm auf dem Brenner die Flucht.

Der Titel des Films zitiert das Gedicht *Le Ricordanze* („Die Erinnerungen") von Giacomo Leopardi, geschrieben im August/September 1829, in Recanati, in dem Herrenhaus, in dem er großgeworden war. Es beginnt:

> Vaghe stelle dell'Orsa, io non credea
> Tornare ancor per uso a contemplarvi
> Sul paterno giardino scintillanti,
> e ragionar con voi dalle finestre
> di questo albergo ove abitai fanciullo,
> e delle gioie mie vidi la fine.

> Schönes Gestirn des Bären, nie hätt ich
> Geglaubt, es würde einmal noch mein Brauch
> Dein Funkeln überm väterlichen Garten
> Mir anzuschaun, Zwiesprach mit dir zu halten
> Aus meiner Kindheit Fenstern, hier im Hause,
> Wo ich's erlitt, dass alle Freud entwich.

Sandra trifft ihren Bruder Gianni. Er hat einen Roman über ihre gemeinsame Jugend geschrieben – als Feier ihrer Liebe, ein Dokument ihres Inzestes. Sie trifft ihre Mutter, die sich in Wahnsinn geflüchtet hat, bewacht in einer Villa, am Flügel sitzend, im ständigen Versuch, ein Stück von César Franck zu spielen: *Prélude, chorale et fugue,* 1885, das Stück, das Viscontis Mutter permanent übte. Sandra kehrt ein in das Reich ihrer Kindheit. An ihr bricht sich, was sich selbst zu zerstören sucht. Sie ist die Erwartete. Die Geliebte. Die Rächerin. Aber es ist nicht ihres, sich einer erträumten, jetzt eingeforderten Liebe hinzugeben. Sie ist nicht die Richterin. Der andere hat zu entscheiden, was ihm zu tun bleibt. Sie ist die Sonde. Die Familie ist ihre Herkunft, jetzt ist sie die Fremde. Keiner erhält von ihr, was er verlangt, was er erhofft. Andrew will wissen, ob es zum Inzest gekommen ist, er kann es nicht herausfinden, er reist ab. Der Bruder begeht Selbstmord.

Sandra ist, was die Kunst ist. Sie ist Einkehr zwischen Vergangenheit und Zukunft. Die Maske, die Visconti für Claudia Cardinale gefunden hatte, gewonnen aus etruskischen Malereien und Bronzen, hielt sie gefangen. Ein Spiegel. Was sie sieht, ist in ihr. Sie kann es nicht befreien.

Das Bild, das Visconti suchte, war der herrschende Zustand von 1964, ein Verstricktsein, das andauert. Es ging ihm nicht darum, eine griechische Tragödie vorzuführen. Es ging ihm nicht um eine Dokumentierung der Nazi-Verbrechen. Es ging nicht um eine Anklage. In Frankfurt fand zu dieser Zeit der Auschwitz-Prozess statt. Die Wahrheit war zu greifen, aber nicht die Gesellschaft. Die Macht lag in den Händen derer, die Faschismus und Nationalsozialismus mitgetragen hatten. Die Kommunistische Partei Italiens, für die Visconti eintrat, war stark wie in keinem anderen westlichen Land, aber gelähmt. Nicht nur durch die Sowjetunion. Es existierten Organisationen, um im Falle einer kommunistischen Regierungsübernahme einen faschistischen Staatsstreich durchzuführen. Der Oberbefehlshaber der Carabinieri hatte Listen mit den Namen der Kommunisten und Intellektuellen anfertigen lassen, die in Lagern auf Sardinien interniert werden sollten. Die Gesellschaft befreite sich nicht von ihrer faschistischen Vergangenheit. Der zweite deutsche Bundeskanzler, Ludwig Erhard, war zwanzig Jahre zuvor von der SS beauftragt worden, ein Wirtschaftsprogramm für die Zeit nach der Niederlage auszuarbeiten. In Berlin war Rolf Hochhuths Stück *Der Stellvertreter* uraufgeführt worden, das die Duldung der Judenverfolgung durch den Papst öffentlich zur Diskussion stellte. Die italienische Gesellschaft war eingebunden in die deutsche Vergangenheit.

Während der Dreharbeiten zu VAGHE STELLE DELL'ORSA..., im September abends auf der Piazza dei Priori in Volterra, sah Visconti unter den Zuschauern einen jungen Mann frieren. Er gab einem Assistenten seinen Schal für ihn. Der junge Mann, seine Erscheinung, führte Visconti weiter auf dem Weg, den er in Volterra begonnen hatte. Hinab in die deutsche Geschichte. Ein Todesengel. Damit die Frage an die Vergangenheit fruchtbar werden konnte, sollte er, Visconti, es wissen, es in der Arbeit mit den Schauspielern erfahren, was die Deutschen erlebt hatten, was sie fähig gemacht hatte, den Holocaust zu organisieren. Der junge Mann, Helmut Berger, wurde Visconti ein Instrument für die Freilegung der deutschen Geschichte, wie es Claudia Cardinale für die italienische Geschichte gewesen war.

Trotz der vielfach einsetzenden Proteste bestimmten jene Kräfte, die die Nationalsozialisten gestützt hatten, weiter die Politik. Der dritte deutsche Bundeskanzler, Kurt Georg Kiesinger, war Mitglied der NSDAP und stellvertretender Leiter des Rundfunks des Reichsaußenministeriums gewesen. 1967 erhielt er eine Ohrfeige von Beate Klarsfeld. Die Welt sollte wissen, wer in Deutschland regiert.

Am 1. April 1967 hatte Alfried Krupp von Bohlen und Halbach als alleiniger Besitzer der Firma Fried. Krupp seinen Entschluss zur Gründung einer Stiftung und zur Umwandlung der Firma in eine Kapitalgesellschaft bekannt gegeben. Am 30. Juli starb er. Die Stiftung war notwendig geworden, um die finanzielle Krise des Unternehmens aufzufangen. Sie war gewünscht, um das Unternehmen von Entscheidungen der Familie freizuhalten. Sie war möglich geworden, nachdem der Alleinerbe, Arndt von Bohlen und Halbach, 1938 geboren, auf sein Erbe, 2,5 Milliarden DM, verzichtet hatte. Er erhielt jährlich 2 Millionen DM neben weiteren Zuwendungen. Was er in Verschwendung – und seinen Liebhabern ausgeliefert – auszuleben suchte, war Hass, Hass auf seine Herkunft, auf die Mutter, den Vater, die Großeltern, die die Eheschließung seiner Eltern kurz vor seiner Geburt zu verhindern gesucht hatten.

Diese Gestalt führte Visconti zurück auf die Konstellation von 1933. Er zeigte in LA CADUTA DEGLI DEI den Hass eines Sohnes, dessen Vater als Flieger im Weltkrieg gefallen war, ausgeliefert einer Mutter, die ihn benutzte, wie sie alles benutzte, um sich Macht zu verschaffen. Er zeigte, wie dieser Hass von dem SS-Hauptsturmführer Aschenbach instrumentalisiert wurde, um die Familie von Essenbeck, der er selbst angehörte, zu entmachten, um den Konzern unter die Führung der SS zu bringen.

Die Nationalsozialisten hatten 1933 keine Probleme mit Gustav Krupp. Er war nach der Wahl Hitlers dessen Anhänger. Die Enteignung Krupps fand 1967 statt – eine Entscheidung, die Alfried Krupp in Verhandlungen mit den Politikern getroffen hatte. Die Intelligenz, die 1967 ebenso wie 1933 am Werk war, führte Visconti in der Figur des Aschenbach vor: als Kontinuum, das durch die Katarakte der deutschen Politik hindurchgeht.

Es ist das Rad der Selbstzerstörung. Das zu zeigen, dafür taugt die Dramaturgie Shakespeares. Visconti nahm *Macbeth* als Muster für LA CADUTA DEGLI DEI. Die Zerstörung anzutreiben, diese Funktion der Hexen lag jetzt bei Aschenbach.

Die Vergangenheit, das blutige Mittelalter, zeigte sich bei Shakespeare als Gegenwart. G. B. Shaw hat den in die Anfänge der Geschichte zurückreichenden *Ring des Nibelungen* als „Drama der Gegenwart" beschrieben. Das Werk schildert die wirtschaftliche und gesellschaftspolitische Umwälzung in Deutschland während seiner Entstehungszeit von 1848 bis 1874. Sie hatten beide mit jeweils einem Werk begonnen: Wagner mit „Siegfrieds Tod", Visconti mit LA CADUTA DEGLI DEI. Sie setzten es fort als einen Gang immer tiefer in die Geschichte. Die Katastrophe, die sie darstellten, verlangte nach einer Rückkehr zum Ursprung. Der zeitliche Abstand bei Visconti ist kurz. Sein Mittelalter reicht von 1860 bis 1945. Der Zeitraum, in dem den Deutschen alles auf wirtschaftlichem und kulturellem Gebiet gegeben war. Sie hatten es selbst zerstört. Die Protagonisten lebten noch zum Teil. Visconti, der die Gegenwart zurückführt in die sich dokumentierende Vergangenheit, lässt den Blick frei für die Zukunft. Ein Blick ohne Illusionen.

MORTE A VENEZIA macht deutlich, dass die Basis für eine kulturelle Erneuerung nach 1968 nicht gegeben war. Während die Generation von 1968 ihr Instrumentarium für eine neue Gesellschaft in den zwanziger Jahren suchte, zeigte Visconti den Scheitelpunkt von 1910, als die Kriegsvorbereitungen begannen. Gegen den Weltuntergang von 1914 ist nicht anzuarbeiten. Er ist zu konstatieren. Solange nicht ein grundsätzlicher Wechsel der Machtverhältnisse eintritt.

LUDWIG ist ein Kreuzweg. Ein Gebender, der verraten wird von denen, die er geliebt hat, die ihn geliebt haben. Ihm fehlte in seiner Einsamkeit die Kraft, dem politischen Druck zu widerstehen. Er konnte wider besseres Wissen immer nur nachgeben. Er verriet die Geschichte. Sein Weg zeigt Station für Station die Verluste, die er als König zu verantworten hatte. Er kehrte in die Nacht ein. Was er als Zeugnis hinterließ, war die Verwandlung der Landschaft zwischen München und den Alpen in einen Park. Sein Weg ist ein Spiegel für die Verluste, die Deutschland durch die politischen Entscheidungen hinnehmen musste. Als die Verluste im Ersten Weltkrieg offensichtlich wurden, fehlte die Kraft zu einem Neubeginn. Deutschland zeigte sich unfähig, für seine Geschichte eine neue Basis zu schaffen, aufgerieben zwischen einer totalen Mobilmachung von rechts und der Mobilisierung durch die Kommunisten, die Stalin um ihr Vorbild, die Sowjetunion, betrogen hatte. Kurze Zeit später begann Deutschland, Europa zu zerstören.

Viscontis deutsche Trilogie ist die Antwort auf Wagners Tetralogie. Was Wagner gesehen hatte, die zerstörerische Macht des Kapitals, bestätigte Visconti in den Konsequenzen für die Gegenwart. LA CADUTA DEGLI DEI sollte den deutschen Titel „Götterdämmerung" tragen. Als eine Hommage an Wagner und als eine Bestätigung: Die Götterdämmerung dauert an.

Visconti musste nichts beweisen. Er führte die Geschichte auf den Raum zurück, aus dem sie sich nährt, dessen Zerstörung das Ziel jeder antidemokratischen Politik ist, die Familie. Er machte die tiefen, den Lebensweg bestimmenden Leidenschaften durch seine Schauspieler sichtbar, erzählte, was er selbst erfahren hatte und was er durch die Arbeit mit ihnen erfuhr. Die Arbeit ruhte in seinem Wissen, in seiner politischen Entscheidung, in seinem Blick, in der Genauigkeit des Details.

Er schuf sich durch seine Arbeit eine andere, seine zweite Familie. Seine Schauspieler und seine Mitarbeiter konnten in ihm ihren Meister finden. Seine Villa in Rom in der via Salaria und seine Villa La Colombaia auf Ischia standen für sie offen.

Als Visconti VAGHE STELLE DELL'ORSA... in Volterra vorbereitete, suchte er ein Haus für sich. Er fand die Renaissance-Villa „La Suvera", entworfen von Baldassare Peruzzi, mit einer Kapelle und einem Theater. In der Nähe, bei Colle di Val d'Elsa, hatte sein jüngster und liebster Bruder Edoardo sein Anwesen. Visconti wollte, schrieb seine Biografin Gaia Servadio, zurückkehren zu den alten Riten seiner Familie. Er ließ die Villa renovieren. Er ist nie eingezogen. Er blieb sich selbst sein Instrument.

Ich, Luchino Visconti

Bekenntnisse und Erinnerungen, gesammelt von Aurelio Di Sovico

Ist die Autobiografie ein Selbstbildnis oder eine Chronik unserer Vergangenheit? Vielleicht eine Kombination aus beidem. Ein Buch mit Erinnerungen schreiben? Warum? Noch sterbe ich nicht. Und dann ziehe ich es vor, mich über Bilder auszudrücken. Trotzdem vergesse ich nichts. Ich habe nicht die Fähigkeit zu vergessen.

Mir ging es sehr schlecht. Jetzt geht es besser. Wer mich sieht, beglückwünscht mich und sagt, dass ich mich in nichts verändert habe, dass ich großartig aussehe. Ich kann kein Leben mehr führen wie vor zehn Jahren, aber ich kann laufen, sprechen, lesen und meinen neuen Film L'INNOCENTE drehen. Ich verspüre eine physische Notwendigkeit zu dieser Aktivität: Wenn ich nichts produziere, bin ich traurig.

Hin und wieder geschieht es, dass in meiner Gegenwart niemand den Anstoß zum Gespräch gibt, dass alle Initiative von mir ausgeht. Ich stelle dann Fragen und hoffe, auf diese Weise ein Gespräch anzustoßen. Ich befrage die Freunde, biete meine Erfahrung an und ermutige sie. Es gibt keine Freundschaft, die fruchtlos bleiben kann. Dieses Gefühl bewirkt entweder etwas oder es existiert nicht. Es ist so wichtig wie die Liebe. An den Freunden schätze ich vor allem die Aufrichtigkeit. Ich verabscheue Gier, Arroganz, Heuchelei, Mittelmäßigkeit.

Mir geht es gut, auch allein mit mir selbst. Die Einsamkeit ist zuweilen eine gute Gefährtin: Ein kurzer Rückzug befördert immer eine glückliche Rückkehr. Die Einsamkeit ist für mich eine freiwillige Wahl, nie ein Fehlen von Zuneigung oder ein Mangel an Gelegenheiten. Ich habe keine Notwendigkeit verspürt, eine eigene Familie zu gründen. Die Beziehung zu der Familie, in die ich geboren bin, hat mich immer bewegt. Ich habe mich nie von der Welt entfernt, in der ich aufgewachsen bin.

Ich wurde am 2. November (1906) geboren, um acht Uhr abends. Sie haben mir gesagt, dass sich eine Stunde später der Vorhang der Scala zu einer der zahllosen Premieren der *Traviata* hob.

Mein Sternzeichen ist der Skorpion: Entschlossenheit, Konsequenz, Kampf gegen die Zerstörung der Gefühle.

Mein Vater hatte mich gelehrt, mich weder mit Vorrechten noch mit Privilegien durch meine Herkunft hervorzutun. Er war klug, aber meine Mutter besaß eine noch stärkere Persönlichkeit. Mamma war eine Bürgerliche, Tochter von Industriellen, die aus dem einfachen Volk kamen (die Erba) und die sich aus eigenen Kräften hochgearbeitet hatten. Daher hatte sie ein gewisses Vertrauen in sich selbst. Meine Urgroßmutter mütterlicherseits benutzte für die Zubereitung des Risottos denselben Kupfertopf, der in der Werkstatt verwendet wurde, um Rizinusöl herzustellen.

Meine Mutter erzählte mir von der schlichten Beerdigung Giuseppe Verdis, an der allerdings ganz Mailand teilnahm. Naviglio Interno war der schönste Winkel Mailands, vielleicht die Seele der Stadt ... Zweispänner und viersitzige Karossen ... Ich erinnere mich an unser Haus in der via Cerva. Als Kind versteckte ich mich oft auf dem Dachboden, wenn ich Meinungsverschiedenheiten mit der Familie oder mit meinem Vater hatte. Vielleicht ist mir das geblieben wie ein Freud'sches Moment.

Eine neue Oper versetzte die Stadt in Aufregung. Wie hätte sich der Junge von damals nicht in das Theater verlieben sollen, in unsere Scala, angesichts von so viel Enthusiasmus? Ich erinnere mich an das überfüllte, funkelnde Theater. Und an den stürmischen Beifall am Ende eines jeden Aktes. Die Logen waren in Privatbesitz. Unsere war die vierte im ersten Rang, noch über dem Orchestergraben.

Schon früh begannen wir Kinder, zu Hause Theater zu spielen, in einem Garderobenzimmer. Ich war Regisseur und Schauspieler. Meine Lieblingsrolle der Hamlet. Erste Schauspielerin war die kleine Wanda Toscanini. Ein englischer Hauslehrer, ein verrückter Typ, kümmerte sich um die sportliche Erziehung von uns (sieben)

Ich, Luchino Visconti ist eine Collage und geht auf ein langes Gespräch zurück, das Aurelio Di Sovico und Luchino Visconti immer wieder geführt, unterbrochen und aufgenommen haben.
Die Collage erschien am 8. Januar 1976 in *Il Mondo*.

Geschwistern. Um sechs Uhr früh waren wir auf den Beinen. Um halb sieben übte jeder auf seinem Instrument: Ich spielte Cello. Um halb acht waren wir in der Schule. Am Abend kamen Gäste zum Essen, aber wir Kinder verschwanden ins Bett.

Die Mutter war uns gegenüber von grenzenloser Güte. Wir schlossen einen Pakt, ich und sie: Wenn etwas Schlimmes geschehen sollte und ich weit weg wäre, würde sie auf mich warten. Ich traf früh genug an ihrem Sterbebett ein, um noch meinen Namen von ihren Lippen zu hören.

Im Sommer wechselte unsere Familie in die Villa Erba am Comer See oder nach Grazzano in der Nähe von Piacenza. Glückliche Tage am Seeufer. Wir Geschwister machten Pläne, als pünktlich das Gewitter losbrach. Verdrossen fielen wir in Schweigen, an die Scheiben gedrückt, von denen schon der Regen herabrann. Ein Unwetter zerstörte den schönsten Baum im Garten. Alles lebt noch in mir, ist gegenwärtig. Manchmal schlief man im Gras, in nachmittäglicher Lethargie, im Zirpen der Grillen und Zikaden. Am Abend zeigten wir den Eltern unsere müden Gesichter. Kaum, dass wir uns vom Tisch erhoben hatten, schliefen wir ein, so viel waren wir gerannt. Dann kam der Herbst, die Weinlese. Und wir Kinder, traurig wegen des bevorstehenden Schulbeginns, machten unsere eigene Lese der Gefühle, Bilder und Träume. Von Kind an rebellierte ich gegen jedes Gebot, dem ich unterworfen werden sollte. Ich blieb den letzten Bänken treu. Ich verkroch mich hinter den anderen Gefährten. Ich besaß eine deutliche Vorliebe für die literarischen Fächer. Ganze Nächte verbrachte ich lesend (mit vierzehn Jahren hatte ich den gesamten Shakespeare gelesen) und mein Zimmer war ein Berg von Büchern, vor allem französische Klassiker.

Luchino Visconti, 1972

Leben ist auch erinnern. „Leben Sie von den Erinnerungen?", könnte man mich fragen. „Blicken Sie nicht nach vorn?" Aber vergessen heißt, keine Lust mehr zu haben, Millionen von Erfahrungen, Begegnungen, Stimmen, Tönen, Farben auszufiltern, eine nach der anderen. Die Erinnerungen existieren: Wehe, wenn man sie auslöscht. Wir sind aus alldem gemacht, was „früher" geschehen ist. Die Erinnerungen an meine Familie sind sehr angenehm. Daher liebe ich es, mich zu erinnern. Nach meiner Krankheit verbrachte ich die Zeit der Genesung in der Villa Erba, die meiner Großmutter gehört hatte, dann meiner Mutter, dann wurde sie an meine Geschwister Edoardo, Ida und Uberta vererbt. Ich habe das besondere Licht eines jeden Zimmers zu bestimmten Stunden des Tages wiedergefunden. Aber ich empfand Traurigkeit. Meine physische Schwäche machte mich unfähig, alles noch einmal zu rekonstruieren.

Während meiner Genesung ließ Ida den Schneidetisch in eine Halle bringen, die eine Zeit lang die Pferde meiner Großmutter „beherbergt" hatte. Dort beendete ich die Montage von LUDWIG.

Ich öffnete die Fenster. Die Sonne – die Sonne schenkt mir Leben, schenkt mir Freude wie niemals zuvor. Auch wir blühen und welken, wie die Blumen. Die Mähmaschine konnte das Gras rund um die Bäume nicht schneiden. Ich erkannte das Geräusch von damals wieder: das Schärfen einer Sichel.

Mit meiner Schwester wanderte ich einen Weg unserer Kindheit entlang: Alle Pflanzen, die uns vor vielen Jahren vorübergehen sahen, sind geblieben. Ich fand das

Buch wieder, das wir gelesen hatten. Ich erinnere mich an die alten Ängste, die Zweifel, die uns dazu trieben, ganze Nächte hindurch eifrig zu sprechen.

Es war nicht unsere Schuld, dass der erste große Krieg für uns Kinder nur ein Spiel war. Die deutschen „Fräuleins" kündigten oder wurden gekündigt und verließen die vornehmen Häuser. Tag für Tag zogen die Truppen der Infanterie fröhlich durch die Hauptstraßen und wir jubelten.

Luchino Visconti, 1972

Wir Kinder hatten das Recht, alliierte Soldaten zum Abendessen mitzubringen. Eines Abends kamen wir mit einem französischen Dichter, der Gedichte mit der Kraft eines Geysirs hervorsprühte. Er erzählte uns von seinen Freunden, die in den Gräben kauerten, in Schlamm und Wasser, um sich selbst vor den Kugeln und Bajonetten zu schützen, den anderen aber nach dem Leben zu trachten.

In jenen Jahren voller Unsicherheit und Rebellion besuchte ich das Gymnasium. Gabriele d'Annunzio begrub sich lebendig im Vittoriale: eine pharaonische Gruft, in der der Dichter eine noch finsterere Finsternis suchte. Die Augen der Schauspielerinnen damals waren groß wie Kirchenfenster: Lyda Borelli und Francesca Bertini hatten das Beispiel abgegeben. Die Damen der gehobenen Gesellschaft kürzten ihre Röcke und gingen zum Pferderennen: mit Programmen, Ferngläser in den Händen, Stühlchen unter den Füßen und Gentlemen im Cut an ihrer Seite. Maestro Toscanini wurde gedemütigt, weil er sich geweigert hatte, ein Konzert mit der faschistischen Hymne zu eröffnen. Toscanini war das Idol der Mailänder: Die Scala war Toscanini. Der Nazismus ist eine Tragödie gewesen. Der Faschismus eher eine Farce; eine tragische Farce. Auch der Faschismus ist in vielen Fällen eine Tragödie gewesen, das versteht sich. Aber das Verbrecherische und die Kriminalität des Nazismus sind schwerwiegender als die des Faschismus. Von den zahlreichen Interpretationen des Nazifaschismus erscheint mir jene als die zutreffendste, die dieses Phänomen als letzte Phase des Kapitalismus in der Welt betrachtet: die extreme Konsequenz, die gleichwohl eine Entwicklung in Richtung des Sozialismus anzeigt.

Mit LA CADUTA DEGLI DEI wollte ich einen modernen *Macbeth* schaffen. Auch in unserer Zeit handeln die Götter und mischen sich unter die Menschen, nicht anders als die heidnischen Gottheiten oder die Helden Wagners. Das Instrument ihrer Macht ist das Geld; der Tempel ihres Kultes ist die mit Schornsteinen gespickte Fabrik.

Zu Beginn des Krieges hatte ich die Stallungen aufgelöst. Das waren keine Zeiten mehr, sich weiterhin um Pferde zu kümmern. Acht Jahre hatte ich zwischen Pferdeställen und Trainingsplätzen verbracht, zwischen Jockeys und Stoppuhren.

Die interessanteste Zeit meines Lebens war die des Widerstands. Wir waren allein mit unseren Gedanken, mit unseren Träumen. Allein mit einem Bild, einem Bild nach dem anderen von unseren Freunden, die wer weiß wo waren. Einige waren Arbeiter, andere Intellektuelle. Ihre Mütter warteten jeden Abend auf ihre Heimkehr.

„Es macht mich traurig, allein zu bleiben", sagte eine Partisanin. Er antwortete: „So geht es mir auch." Ich wurde von Faschisten der Truppe Koch in einem Appartement in Rom verhaftet: Es war eines jener Appartements, von denen aus wir zu

Ich, Luchino Visconti

geheimen Aktionen aufbrachen. Ich wurde mit der Pistole in der Tasche überrascht, in die Pension Iaccarino gebracht, ihr Hauptquartier, und dann in eine Zelle geworfen. Sie drohten mir: „Sag uns die Namen oder ... du wirst schon sehen." Sie forderten auch von meinen Freunden: „Die Namen!" Wir haben keinen Namen preisgegeben. Einige von uns konnten die Tasse nicht zum Mund führen, noch den Schmerz ihrer Wunden lindern, denn ihre Finger waren gebrochen.

Ich habe die Villa in der via Salaria in Rom verkauft. Die neuen Besitzer haben die Ranken an den Fassaden weggeschnitten. Das bedauere ich. Ich liebte dieses Grün, das sich zudringlich bis zum Dach ausbreitete. Ich bin in einer Dachgeschosswohnung im modernen Rom untergekommen. Ich warte darauf, dass die Einrichtung der Villa abgeschlossen ist, die ich in Castelgandolfo gekauft habe, auf den Albaner Bergen. Mit jedem Tag, der vergeht, spüre ich die Schönheit der Natur stärker. Mein Hobby ist das Gärtnern. Ich kenne jede Art von Boden und Krume. Ich ziehe die Gräser den Blumen vor. Auch die Stauden sind schön. Ich habe einen Fischteich. Ich gehe im Garten umher und genieße die Luft und das Licht. Und, um wieder von der Arbeit zu sprechen, das Licht am Set, das mir so lieb ist. Ich richte meinen Blick voller Hoffnung auf die Arbeit, die ich machen werde. Ein Film, den ich gern realisieren würde, ist *Der Zauberberg* von Thomas Mann. Ich sehe ihn schon deutlich vor mir. Ich bin viel mit meiner Schwester Uberta zusammen, die einzige aus meiner Familie, die in Rom lebt. Die beste Freundin. Ich habe einen pyrenäischen Hirtenhund. Ich habe ihn mir gekauft. Er ist riesengroß geworden, wie der weiße Hund in LUDWIG.

Luchino Visconti, 1972

Die Einsamkeit ist die ständige Gefährtin im Leben eines Mannes. Vor allem in dem eines Intellektuellen meiner Generation. Im Film GRUPPO DI FAMIGLIA IN UN INTERNO, wie bereits in MORTE A VENEZIA, habe ich versucht, vom Widerstreit zwischen Kunst und Leben in einem alternden Künstler zu erzählen. Ein Professor (Burt Lancaster), der die Fünfzig überschritten hat, entdeckt die wirkliche Einsamkeit. Und wie ein Somnambuler erwacht er wieder am Rand eines Abgrunds. Dieser strenge, zur Selbsterforschung getriebene Mann konnte nicht vorhersehen, dass er in eine unglückliche Familie, nicht in seine eigene, hineingezogen werden würde. Er nimmt es von daher auf sich, sich selbst ein böser Prophet zu sein. Seit IL GATTOPARDO sind mehr als zehn Jahre vergangen und Burt Lancaster ist noch immer ein wunderschöner Mann. Schöner Kopf, eindringlicher Blick. Dennoch vergeht die Zeit schnell, immer schneller. In meinem Film lebt ein Verbannter in der Welt von heute. Mit einer ungezügelten Liebe zu Bildern, die Gesellschafts- und Kostümszenen darstellen, in England „conversation pieces" genannt. Bildern von menschlichen Gefühlen, zum Beispiel: eine morgendliche Landschaft im Mai, mit Garten, Vögeln, der Quelle, dem von Mauern umgebenen Haus. Und im Zentrum die Menschen, auf die sich der Maler konzentrierte, besorgt um das Besondere, begierig auf das Detail ...

Auch Silvana Mangano versteht es, eine gute Freundin zu sein, wenn sie will. Ich habe mich bemüht, immer diskret zu sein, sie nie durch meine Bewunderung in Verlegenheit zu bringen. Warum sagt sie, dass die weibliche Figur in meinem Werk oft zweideutig ist und schlecht behandelt wird? Manchmal, vielleicht. Das liegt am Stoff.

Das Speisezimmer ist der Ort der Begegnungen und Zusammenstöße zwischen den Figuren. In vielen meiner Filme wohnen wir tragischen Mahlzeiten bei. Das Leben ist ein Bienenstock: Jeder lebt und arbeitet in seiner eigenen kleinen Zelle. Dann treffen sich alle, in einem zentralen Nukleus, mit der Bienenkönigin. Und die Dramen brechen aus. Ein anderes beständiges Thema ist das der herrischen, autoritären Mutter. Von BELLISSIMA über ROCCO E I SUOI FRATELLI bis zu LA CADUTA DEGLI DEI überträgt die „gluckende" Mutter ihre eigenen Schwärmereien und Fehler, ihre Probleme, Traumata und ihr Streben auf die Kinder.

Als ich jung war und ziemlich schön, beeindruckte mich die Bewunderung der Frauen und sie schmeichelte mir. Ich gebe es zu. Es macht mir immer Freude, schöne Frauen zu sehen. Die Frauen sind wunderbare Geschöpfe, leidenschaftlich. Aber aus Mangel an Rationalität sorgen sie oft für Durcheinander und Unruhe.

Ja. Ich habe viele Freunde. Suso Cecchi d'Amico, Enrico Medioli, die auch für gewöhnlich meine Partner in der Arbeit sind; Adriana Asti, Peppino Patroni Griffi, Nora Ricci, Laura Mazza, Enzo und Flaminia Siciliano, Domietta Hercolani. Ich möchte, dass sie mir von sich erzählen, von dem, womit sie sich beschäftigen. Dann vergesse ich mich selbst. Ich bemerke ihre Aufmerksamkeit, Fürsorge, Zärtlichkeit. Und lebe intensiver.

Ich habe einige Jahre in Paris verbracht und 1935 war ich Regieassistent bei Jean Renoir, den ich als meinen Lehrer betrachte. Renoir, seit seiner Jugend ein leidenschaftlicher Töpfer, sagte mir, dass die Kunst der Keramik und das Kino etwas gemeinsam haben: Der Autor, Regisseur oder Töpfer weiß, was er will. Aber hat er die Arbeit erst einmal in den Ofen gestellt, ist er sich nicht sicher, ob sie so herauskommen wird, wie er es wollte, oder anders. In jenen Jahren in Paris wurde ich

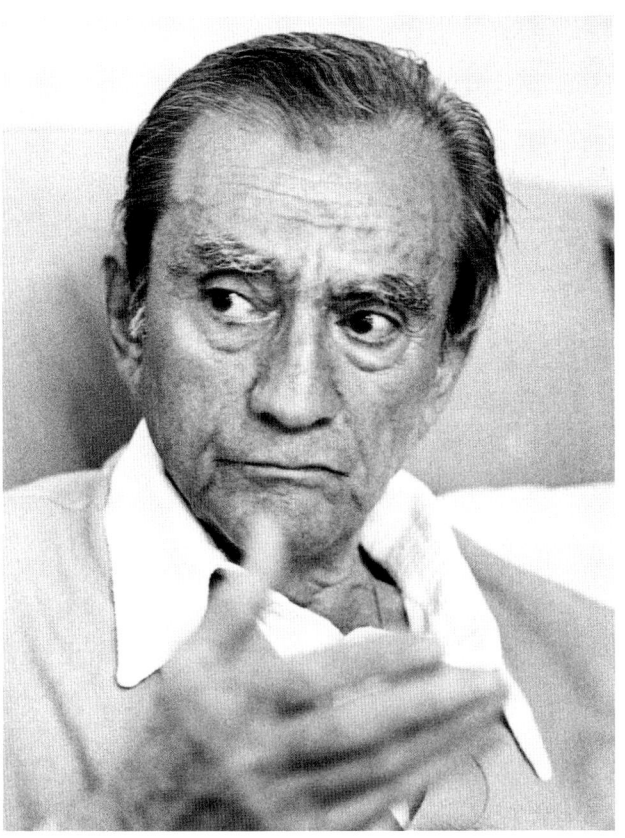

Luchino Visconti, 1972

mir meines Weges bewusst. Renoir war ein außergewöhnlicher Mann, umgeben von Männern, die in der politischen Linken kämpften. Er übte auf mich einen großen Einfluss aus, in künstlerischer und moralischer Hinsicht. Ich erinnere mich an Renoirs außerordentliche Fähigkeit, Schauspieler zu führen, an seine große Menschlichkeit. Essenziell war seine Zärtlichkeit für den Menschen und für seine Arbeit. Ich sprach mit ihm wie zu einem Bruder. Von einer Genauigkeit, einer Technik ... Seine Filme LA GRANDE ILLUSION und LA BÊTE HUMAINE sind Meisterwerke. Man sagte mir, dass Renoir noch immer so lebendig ist, so voller Interessen. Diese Jahre, die ich in Paris verbracht habe, erscheinen mir heute unglaublich: die Kühnheit, das Pittoreske, die Bohème, die kreative Kraft. Paris hatte noch den Duft der *Recherche* von Proust.

Als meinen ersten Film OSSESSIONE (1943) bestimmte Renoir seine Bearbeitung von James Cains Roman *The Postman Always Rings Twice*. Für meinen Beginn als Regisseur hatte ich *L'amante di Gramigna* (von Giovanni Verga) vorbereitet. Aber Pavolini war dagegen: Es handelte sich um eine Banditengeschichte. Er schrieb eigenhändig auf das Drehbuch: „Schluss mit diesen Banditen."

Ich drehte OSSESSIONE mit eigenen sechs Millionen (Lire). Wir waren dem Krieg entkommen und jeder von uns versuchte, auf die Verzweiflung zu reagieren, die Desorientierung, und empfand die Notwendigkeit zu kommunizieren, aus sich herauszugehen. Auf der einen Seite war eine bürgerliche Welt, die nach einem fundamentalen Konservatismus strebte; sie stolzierte wie ein Pfau daher. Auf der anderen war eine antikonformistische Welt, in der es gärte und die rebellierte. Ich zog den Angriff und die polemische Negation der hohlen Anständigkeit vor.

Mit dem Drehbuchentwurf in der Hand, aus dem ich LA TERRA TREMA machen wollte, habe ich an alle Türen geklopft. „Eine Geschichte von Fischern, Minenarbeitern und Bauern auf Sizilien", sagte ich. Alle kehrten mir den Rücken. Niemand, der mir Vertrauen schenkte. Nur die Kommunistische Partei glaubte an die Unternehmung und half mir mit drei Millionen (Lire), die mit den ersten Aufnahmen verbraucht waren. Wir machten weiter, verkauften mal ein Familienbild, sammelten ein andermal in der Truppe. Im November '47 war ich zu Drehortbesichtigungen in Acitrezza. Ich blieb sechs Monate dort, vom Winter bis in den späten Frühling hinein. Die Wirklichkeit selbst war Poesie: weiße Häuser, häusliche Bescheidenheit, Boote auf dem Strand, Bilder des ins Meer gegossenen Himmels. Für die Filmdialoge bediente ich mich des lokalen Dialekts, verschlossen und eng, hunderte von Jahren alt. Vergas Mitleid mit den „Besiegten" verkehrte sich in mir in Wut auf die Ungerechtigkeit. Auch BELLISSIMA habe ich mit wenig Geld gemacht, mein einziges Kapital war Anna Magnani. Mit SENSO ist dann alles viel leichter geworden. Aber das war schon mein vierter Film.

Wahre Größe scheint mir der Mann zu besitzen, der sich mit seinem eigenen Volk identifizieren kann: Das ist der Fall bei Palmiro Togliatti, der am Ende seines Lebens ein junges Wesen hatte, lebendiger als der größte Teil der heutigen Jungen. Auch das Alter ist Teil des Lebens, mit seinem Leid und seiner Ruhe, der Verzweiflung und der Hoffnung. Togliatti strahlte Reinheit aus, guten Willen, Genialität, Liebenswürdigkeit. Ein wahrer Intellektueller, was selten ist in der Politik. Viele Politiker von heute haben nichts mitzuteilen, finden kein Wort für die neuen Generationen, auf denen Unsicherheit lastet. Ich lehne mich instinktiv gegen alles auf, was die Freiheit bedroht. Deshalb habe ich die sowjetische Invasion in Ungarn und in der Tschechoslowakei verurteilt.

Togliatti war ein großer Freund und ich hielt an seinem Sarg Wache – nicht, weil er der Sekretär der Kommunistischen Partei war. Togliatti sah alle Theaterstücke, bei denen ich Regie führte. Er schrieb mir dann seine Eindrücke. Er verpasste auch die Premieren meiner Filme nicht. Und auch dazu schrieb er mir Einschätzungen und Bemerkungen in feiner, präziser Schrift. Ich bewahre seine Briefe auf: Ich bringe die Papiere in Ordnung, ich ordne die Dokumente meines Lebens.

Ich sah Togliatti zum letzten Mal bei einer privaten Vorführung von IL GATTOPARDO, der gerade fertig geworden war. Er sagte mir, dass unser Pessimismus voller Willenskraft sei und eine neue Ordnung postuliere, anstatt der feudalen Ordnung nachzutrauern. Dann schrieb er mir: „Der Ball im Film ist Apotheose und Katastrophe. Man sagt, er wäre lang. Das stimmt nicht. Nicht einen einzigen Zentimeter Film schneiden."

Auch der Tod von Anna Magnani war schmerzhaft: ein Zerbrechen der Welt um mich, ein Riss in den Gewohnheiten, der nur langsam heilt. Anna hatte einen schwierigen Charakter: eher Heidin als Christin, von kräftiger Urtümlichkeit, laut. Wir hatten ständig Auseinandersetzungen, aber nicht über die Arbeit (BELLISSIMA, 1951; SIAMO DONNE, 1954). Sie konnte spielen und tiefe Gefühle in mir wecken. Anna, die immer an erster Stelle stand in meinen Projekten und Gedanken, war eifersüchtig auf eine Freundschaft, von der sie sich ausgeschlossen fühlte, auf eine Vertrautheit, in die sie nicht eintreten konnte; Angst, die Freunde zu verlieren, da sie sie zu sehr mit anderen Problemen beschäftigt sah. Sie versuchte, dieses Gefühl zu bekämpfen, mit dürftigem Erfolg. Fähig, wegen Kleinigkeiten Groll zu hegen. Sie verlor die Kontrolle und brach aus wie ein angestauter Fluss. Waren diese Ausbrüche vorbei, lebte sie in Furcht vor einer neuen Entladung. Zwischen uns kam es auch einmal zu einem

---

Hans Werner Henze

Trauer um Visconti

Den größten Teil des Monats März 1976 verbrachte ich in Südaustralien, als Gast des Adelaide Festival, dirigierte Konzerte mit Mozart und Eigenem und studierte mit australischen Nachwuchsmusikern eine *Cimarrón*-Aufführung ein. Der Protagonist war Lyndon Terracini, der einige Monate später in Montepulciano als Sancio Panza im *Don Chisciotte* auftreten sollte. (…)

(…) Ich arbeitete am dritten Quartett, dachte an die Mamma, der ich es widmete, als ob sie es noch hören könnte. Telefonierte jeden Tag abwechselnd mit Montepulciano und Marino, auf diesem Wege erfuhr ich denn auch, daß am 17. März Luchino Visconti in Rom gestorben war. Vor zwei Jahren schon hatte er einen Schlaganfall erlitten, hatte gerade halbgelähmt und schlohweiß vom Rollstuhl aus seinen letzten Film dirigiert, L'INNOCENTE, und muß wohl nicht mehr genug Energie gehabt haben, um einer grippalen Virusinfektion zu widerstehen. In Adelaide konnte ich mit niemandem über diesen Trauerfall sprechen, mußte meine Beklemmung für mich behalten: Sicherlich hatte niemand dort unten je einen so außerordentlichen Menschen wie Luchino gekannt oder auch nur zu sehen bekommen.

Ich starre auf die weißgetünchte Decke meines Hotelzimmers und projiziere mir darauf Szenen aus Lucas Filmen. Das unscheinbargeheimnisvolle Kleinbürgerhaus in Essen, worin Helmut Berger, der junge Großindustrielle und Millionenerbe, seine unaussprechlichen sexuellen Heimlichkeiten hat. Mit einem tiefen Orgelpedalton anrückende Panzerspähwagen der SA im Morgengrauen, gelbe Uniformen, rote Armbinden und Fahnen mit dem weißen Zentrum fürs Hakenkreuz. Alida Valli und Farley Granger im Kornschober des Landhauses Serpieri: üble Instinkte, Feigheit, Wollust, Bestechung, Betrug. Die Kutschfahrt der Gräfin Serpieri nach Verona, wo Tod und Verderbnis ihrer harren. Quer durch die Schlachtfelder geht die staubige Reise. Die Picknickszene aus dem GATTOPARDO taucht auf, wo im Hintergrund die Reisepferde bewegt werden und vorn die Familie um ein schön ausgebreitetes Tischtuch sich niedergelassen hat zu eleganter Jause. Die bürgerliche Claudia Cardinale kriegt den jungen Prinzen Alain Delon, eine gute Partie. Schlösser, sizilianische Berglandschaft, Matten, Täler. Ludwig II. und Kainz auf dem königlichen Privatdampfer auf dem Chiemsee. Nächtliches Rufen, Fackelschein auf dem Ufer und im Wasser des Starnberger Sees. Die Leiden von Herrn Dr. v. Gudden und Seiner Majestät. Der Anblick des Grand Hotel des Bains am venezianischen Lido. Das dunkle, halbverfallene Gasthaus am Po im heißen Sommer: Clara Calamai und Massimo Girotti haben einen umgebracht, der ihrem natürlich grenzenlosen adulterischen Glück in die Quere kommen wollte. Massimo trifft in Ancona einen seltsamen, unangepaßten Typ, und die beiden überlegen, ob sie nicht zusammen davontrampen sollten, aber daraus wird nichts. Frauen in Schwarz gehüllt wie Araberinnen an der Felsenküste von Acitrezza, die suchend auf das wild schwappende Meer hinausblicken. Eine karge mittelalterliche Arbeitswelt wird geschildert, sie ist uns fremd, sie hat etwas Faszinierendes, weil sie noch intakt ist. Doch wir ahnen schon die bevorstehende, aus den sozialen Gegebenheiten der Zeit resultierende Zerstörung, den Verlust einer altersschwachen und zerbrechlichen Kultur.

Ich denke daran, daß diese Filme meist in stark verschnittener

totalen Bruch: Sie grüßte mich nicht und ließ sich nicht mehr sehen. Ich wartete schweigend ab und sagte mir: „Eines Tages wird sie zurückkommen." Nach einigen Jahren traf ich sie in einem Geschäft. Sie warf mir die Arme um den Hals. Sie machte diese Gesten instinktiv und sagte Worte, die Zuneigung weckten. „Ja, beenden wir das", sagte ich ihr. Sie lachte strahlend, als wenn ich niemals mehr Gefahren von ihr zu fürchten hätte. Ihr Gesicht beobachten hieß, den Ausdruck tausender verschiedener Wesen wahrzunehmen.

Im Dezember '44 wurde mir die Regie von *I parenti terribili* von Cocteau im Eliseo von Rom anvertraut, für eine Gage von 12 000 Lire. Schon 1928 in Mailand, nach dem Militärdienst, hatte ich die Inszenierung von zwei Stücken der Compagnia del Teatro dell'Eden übernommen, die von meinem Vater gegründet worden war. Ich konnte mich keiner großen Erfahrung rühmen, aber ich wollte es dennoch versuchen. Ich hatte sechzehn Tage Zeit für die Proben und musste einige Besetzungen respektieren: die Pagnani als erste Schauspielerin, Rina Morelli, die Braccini, Gino Cervi als erster Schauspieler. Ich ließ die Morelli die junge Schauspielerin spielen und provozierte einen Krawall. Der arme Cervi lief auf und ab und rief: „Nur Mut, Kinder, das Stück bricht am Ende vom ersten Akt ein." Wir kamen im Januar '45 heraus. Es war ein Triumph bei Kritik und Publikum.

Zur selben Zeit inszenierte Giorgio Strehler, ein junger Regisseur, den ich noch nicht kannte, am Mailänder Odeon *Caligula* von Camus. Ich erinnere mich an kein einziges Stück von Strehler, mit dem ich nicht d'accord gewesen wäre. Giorgio Strehler, Orazio Costa, Ettore Giannini und ich. Wir haben das neue Theater begründet, so gut oder schlecht es auch sein mag.

Es ging in unserer Arbeit weniger um Einfälle oder Erfindungen, sondern um Reinigung. Es war nötig, eine Ordnung auf die Bühne zu bringen, die Schauspieler zu neuer Disziplin anzuhalten, der Aufführung Wahrheit zu geben. Ich schaffte den Souffleur ab, kämpfte gegen das alte Laster der Improvisation, erlegte einem ständig verspäteten, unserer Arbeit gegenüber wenig respektvollen Publikum eiserne Anfangszeiten auf. So starb das italienische Theater des 19. Jahrhunderts.

Kino, Theater, Oper: Die Schwierigkeit, eine Aufführung lebendig werden zu lassen, ist stets die gleiche. Mehr Unabhängigkeit und Freiheit gibt es im Kino. Wenn ich Kino machte, geschah es mir, dass ich ans Theater dachte; mit dem Theater beschäftigt, träumte ich vom Melodram.

Wären die Ereignisse anders gewesen, hätte auch meine Arbeit anders ausgesehen. Klar ist, dass die Ereignisse auf der Entwicklung meiner Filme gelastet haben. Ich habe mich fortwährend um den Menschen gesorgt, sein Überleben, seinen Stolz, um nicht gezwungen zu sein, einen Monolog zu halten; um nicht verdammt zu sein, von mir zu leben, für mich. Nehmen wir zum Beispiel den Krieg. Auch ich musste mich während des Krieges verstecken, hatte Freunde, die verhaftet und getötet wurden. 1943: der Anfang vom Ende. Ich sprach nicht mehr. Ein seltsamer Zweifel durchzog auch meinen Schlaf. Die Verzweiflung war der Schmerz der Schwachen. Bewirkte die Historie vielleicht den Niedergang des Lebens, war sie zum Unglück geworden?

Kehren wir zu meinen Freunden zurück.

Als es mir schlecht ging und ich an Angstzuständen litt, fühlte ich mich wochenlang verloren, war in Sorge. Marlene Dietrich schrieb mir lange Briefe über die Therapie, die ich befolgen sollte. Das gab mir ein Gefühl des Wohlbefindens und der Sicherheit. Ich erinnere mich an einen ihrer Briefe: „Lass die Zeit verstreichen, das ist die beste Methode, sie zu besiegen." Gewiss, der Zeit nicht mehr bewusst sein. Das ist nicht einfach. Marlene Dietrichs Foto steht immer auf meinem Schreibtisch: Es zeigt sie vor einem nebligen Hintergrund. Ein Stückchen über dem alten Silberrahmen, im Grau des Nebels, eine Widmung in Französisch an den Freund Luca: „Ich denke immer an Dich."

Marlene ist fröhlich, jugendlich: Körper und Glieder in bester Verfassung. Ihre Blässe könnte den Mond neidisch machen. Hart, egoistisch? Nein! Liebenswürdig, menschlich und herzlich. Sie gehört nicht zu denen, die ihr Herz im Kühlschrank aufbewahren.

Das Vergangene liegt hinter mir. Die Auseinandersetzung, die ich als Regisseur führen musste, habe ich geführt. Mit LE NOTTI BIANCHE, keineswegs ein minderer Film, habe ich mir eine Pause gegönnt. Mit GRUPPO DI FAMIGLIA IN UN INTERNO habe ich auch außergewöhnlichere und privatere Themen aufgegriffen. Aber hinter mir liegt eine kämpferische Vergangenheit, die diesen späten Rückzug ins Private, den ich jahrelang abgelehnt habe, rechtfertigen mag. Die jungen Regisseure hingegen sind in der Krise, noch ehe sie begonnen haben. Ihre Verschlossenheit ist in Wirklichkeit ein Bemühen, das Fehlen von Visionen zu verbergen. Zuweilen machen sie auch einen guten Film über ihre eigene Krise, aber dann haben sie nichts mehr zu sagen. Mit dreißig sind sie schon wie Achtzigjährige. Und fahren fort, kümmerliche Autobiografien zu drehen, oder rutschen in die formalistische Show ab, gewürzt mit Meisterleistungen à la San Francesco oder Santa Chiara. Aber warum sollte ich mich über meine Kollegen ärgern. Nein, Francesco Zeffirelli ist kein Kollege, er war mein Assistent. Francesco Rosi ist heute beachtenswert, aber er ist ein Regisseur der mittleren Generation. Er verfolgt hartnäckig seine eigene Arbeit, so wie wir es taten.

Bernardo Bertolucci hat mit IL CONFORMISTA und ULTIMO TANGO A PARIGI zwei schöne Filme gemacht. Ich schätze Bertolucci. Ausgezeichnet Liliana Cavani, die Regisseurin von MILAREPA, I CANNIBALI und von PORTIERE DELLA NOTTE, den ich für einen wunderbaren Film halte. Ich habe gesagt, dass ich bei den neuen Regisseuren keine Originalität finde. Ich will verstehen. Aber ich finde keine Antwort rings um mich. Wir sind eine alte Garde, die im Verschwinden ist, ohne Erben. Jean-Luc Godard hat eine Schule eröffnet, aber ich ertrage seine Nacheiferer nicht. Marco Bellocchio hat einen Anfangsspurt hingelegt, der sich schnell erschöpfte.

Unsere Filmgeneration hingegen besaß Mut und machte weiter, auch unter ökonomischen, politischen und gesellschaftlichen Schwierigkeiten. Wir waren zu dritt, als wir anfingen: Rossellini, De Sica und ich; dann kamen Antonioni und Fellini hinzu. Mit PAISÀ, LADRI DI BICICLETTE und vielleicht auch mit LA TERRA TREMA haben wir eine bestimmte Bewegung ins Leben gerufen. Beim Film I VITELLONI musste Federico Fellini zehn Mal abbrechen; er hatte nicht das Geld, um weiterzumachen. Zehn Mal hat er abgebrochen, Geld gesucht, gebrüllt, gedroht und wieder weitergemacht. Die Poesie von Fellini liegt in der Erinnerung, in der Sittenkritik.

Ich weiß, was Michelangelo Antonioni mit LE AMICHE gelitten hat, einem wunderbaren Film, für den er keinen Produzenten fand. Antonioni ist ein Meister im Beschreiben des Unbegreiflichen im gegenwärtigen Leben.

Roberto Rossellini hat eine tief menschliche Persönlichkeit und sorgt sich stets um die Integrität des Menschen. Das sind die Säulen unseres Kinos. Ich verfolge die Arbeit der anderen Regisseure aufmerksam. Manchmal gefällt mir Ken Russell. Ich sehe alle Filme von Luis Buñuel. Die Leinwand ist für Buñuel ein Fenster, das sich

Luchino Visconti, 1972

Form in den Theatern gezeigt wurden. Die Produzentenschere war erbarmungslos, man hat nichts dabei gefunden, im GATTOPARDO neunzig Minuten zu eliminieren und im LUDWIG an die siebzig. Heute sind die Streifen ungekürzt zu sehen, und es hat sich deswegen längst herausgestellt, daß nur so der Viscontische Stil, sein Umgang mit der Zeit, mit dem Detail, mit der Entwicklung der Charaktere zur Wirkung kommt. Ich denke daran, wie sehr er immer wieder darunter gelitten hat, sich bei den Geldgebern nicht durchsetzen und seine Werke nicht in ihrer intendierten Gestalt an die Öffentlichkeit geben zu können. Nun verließ ich

der Poesie öffnet. Die Thematik dieses surrealistischen Regisseurs rührt vom Durst nach Wahrheit, vom Vergnügen, die Bürger zu schockieren.

Großartig haben mir Ingmar Bergmans Filme SCHREIE UND FLÜSTERN und SZENEN EINER EHE gefallen. Kein Regisseur kann das menschliche Sein in seiner beständigen Unruhe besser darstellen als er. Es gibt kein Problem, keinen Charakter, den er nicht mit Vertrautheit und Präzision zu erhellen weiß. Ich schätze an Bergman auch seine Beschäftigung mit dem Theater.

Luchino Visconti, 1920

Meine Aufmerksamkeit als Autor und Regisseur hat sich dem Bewusstsein der Personen zugewandt, ihrem moralischen Unbehagen, ihrem Bemühen zu verstehen. Ich habe die Beziehungen zwischen Mensch und Mensch untersucht, zwischen Mensch und Gesellschaft, zwischen dem Menschen und den Dingen. Ich bin überzeugt, und das nicht erst seit heute, dass eines der Mittel zur Beobachtung der gegenwärtigen Gesellschaft und ihrer Probleme darin besteht, die Geisteshaltung bestimmter repräsentativer Personen zu untersuchen, wie auch immer man sie anordnet, von welcher Seite auch immer man sie beleuchtet. Für meine Betrachtungen dienten mir der Erwerb des täglichen Brotes (LA TERRA TREMA), das Phänomen der inneren Emigration (ROCCO E I SUOI FRATELLI), das alte etruskische Rätsel (VAGHE STELLE DELL'ORSA...), ein Ball (IL GATTOPARDO) und sogar eine Schlacht (SENSO). Mein liebster Film? Nein! Nicht SENSO. ROCCO E I SUOI FRATELLI, mit den herben Erfahrungen der süditalienischen Jugendlichen, die es in die Städte im Norden verschlagen hat. Man sagt, dass in ROCCO E I SUOI FRATELLI jahrhundertealte Abgründe durch die Liebe überwunden werden, psychologische und gesellschaftliche, die Kontraste zwischen Nord und Süd. Nützlich, zu Beginn meiner Laufbahn, die Lektion von Giovanni Verga über den mächtigen und klaren Riss durch die sizilianische und süditalienische Realität.

mein Zimmer nur noch, um die vertraglich festgelegten Verpflichtungen zu erfüllen, die zumeist abends erledigt werden mußten und sich noch acht Tage in Sydney fortsetzten, und wartete mit apathischer Ungeduld auf den Rückflugtermin, den 28. März. Währenddessen dachte ich an Luchino, den ich mir nicht als Toten vorstellen wollte, sondern nur als den geistreichen Menschen, den ich kannte und schätzte, mit seinen Schwächen, Tugenden und Eigenarten. Sah ihn als Ehrenwache am Sarge Togliattis, sah ihn bei Theaterproben oder bei einem Sonntagsausflug, einem Spaziergang, einem Frühstück auf der Appischen Straße.

Schon vor einigen Jahren sagte ich, dass die bescheidenste Geste des Menschen – sein Gang, seine Zweifel, seine Impulse – den Dingen, die ihn umgeben und in die sie sich wiederum einfügen, Schwingung und Poesie verleihen. Das Gewicht des Menschen, seine Gegenwart, ist das einzige Element, das das einzelne Bild erfüllt.

In meinen Filmen gibt es immer eine literarische Inspirationsquelle. Franz zitiert in SENSO Heine: „Die Toten stehn auf, der Tag des Gerichts / Ruft sie zu Qual und Vergnügen; / Wir beide bekümmern uns um nichts, / Und bleiben umschlungen liegen." In GRUPPO DI FAMIGLIA IN UN INTERNO zitiert Lietta einige Verse von Auden, die dieser kurz vor seinem Tod schrieb: „When you see a fair form / chase it / and if possible embrace it / Be it a girl or a boy / Don't be blashful, be brash, be fresh / Life is short, so enjoy / Whatever contact you flesh / May at the moment crave / There is no sexlife in the grave".

„Sind Sie ein Décadent?", fragt man mich, mit gespieltem Erstaunen. Ja, ich bin ein Décadent. „Décadent." Das gefällt mir sehr. Es würde mir weniger Spaß machen, des Futurismus angeklagt zu sein. Raffiniert? Aber ja, ja. Ich kenne meinen Ruf als Regisseur, der nie zufrieden zu stellen ist, Schrecken der Theaterimpresarios und der Produzenten. „Dieser wahnsinnige Visconti, der Dom Perignon verlangt, Juwelen von Cartier und Bulgari, Rosen von der Côte d'Azur und flämisches Leinen in den Betten."

Ich liebe die europäischen Décadents: Rimbaud, Verlaine, Baudelaire, Huysmans. Aber vor allem Marcel Proust und Thomas Mann. In seinen Werken war Mann einer von uns, und auch Glück und Unglück. Ich kann ihn verstehen, auch wenn er ein Deutscher aus Lübeck ist und ich ein Mailänder.

Die französische Kultur ist für mich sehr formend gewesen, da ich als junger Mann viel in Frankreich gelebt habe. Die deutsche Kultur habe ich erst später entdeckt: Es war wie eine Bewusstwerdung, strenger, ernster, was meine Arbeit noch heute beeinflusst. Ich bin der großen deutschen literarischen Strömung verbunden, die mit Mann endet und sich mit Goethe, mit Schiller verbindet. *Die Buddenbrooks* sind ein Roman, den ich immer im Kopf gehabt habe. *Der Zauberberg* ist ein Projekt, mit dem ich schon immer liebäugele. Das Geheimnis der Krankheit, des Leidens ist faszinierend in diesem Buch. Was haben die Deutschen in Kunst, Literatur und Musik nicht alles erreicht.

Die Musik. Ich höre Wagner, Mahler, Mozart, Strauss, Beethoven, Verdi. Mich hat das Thema des Widerstreits zwischen Kunst und Leben immer gefesselt. Der Kontrast zwischen einem Künstler in seinem ästhetischen Streben und dem täglichen Leben; zwischen seinem Sein, das scheinbar außerhalb der Geschichte steht, und seiner Teilhabe an den historischen Gegebenheiten.

Manch einer sagt, dass ich der Hoffnung keinen Raum gebe. Dennoch verlässt in meinen Filmen die Hoffnung niemals den Unglücklichen, der nach ihr sucht. Man hofft, auch wenn man verzweifelt ist. Manchmal ist die Erwartung selbst ein Glück.

In „Götterdämmerung" habe ich keine Hoffnung zugelassen. Für dieses Vipernknäuel eine Rettung vorsehen, das wäre, als wollte man sagen: Hoffen wir, dass diese Monster wieder leben werden. Aber die Familie Valastro in LA TERRA TREMA hofft. Und Rocco glaubt an ein besseres Schicksal für die Italiener des Südens. Auch Aschenbach in MORTE A VENEZIA hofft auf eine wunderbare Nachricht.

Es ist wahr. Die so genannten „positiven Figuren" in meinen Filmen nehmen eine relativ begrenzte Entwicklung. Ich erzähle lieber von den Niederlagen, beschreibe lieber die einsamen Seelen, die von der Realität erdrückten Schicksale. Ich erzähle von Personen, deren Geschichte ich gut kenne. In jedem meiner Filme versteckt sich vielleicht ein anderer – mein wahrer Film, den ich nie realisiert habe, über die Viscontis von gestern und heute.

Die Gegenwart ist in der Krise: in einer moralischen, sozialen, geistigen Krise. Aber die Niederlagen sind nie total, nie definitiv, sondern vorübergehend. Und aus jeder Niederlage erwachsen neue Kräfte, neue Stärken. Das ist das Konzept, das bestimmten meiner Figuren zugrunde liegt. Ich bin kein Pessimist. Jede Epoche hat dunkle Zeiten. Das Bewusstsein ist immer das des Danach. In absehbarer Zeit werden auch diese Jahre klar sein, die uns so konfus erscheinen. Ihr Jungen: Ich setze meine Hoffnung in euch. Meine Arbeit gehört euch. Möge euch die Solidarität verbinden. Lebt, wenn möglich, vereinter. Das ist kein Diskurs über Moral, sondern über Loyalität. Nach dem Referendum und dem 15. Juni haben wir erkannt, dass die Einigkeit des Volkes die Händler aus dem Tempel gejagt hat. Gott existiert nur in unserem Bewusstsein. Es ist schöner, an ihn zu glauben als darüber zu sprechen.

Die traurige Wahrheit ist, dass das Leben des Menschen, wie Jung sagte, von gegensätzlichen und widerstreitenden Phänomenen zerrissen wird: Tag und Nacht, Geburt und Tod, Glück und Unglück, Gut und Böse. Man kann sich niemals sicher sein, dass ein Element dem anderen überlegen sein wird. Das Leben ist ein Schlachtfeld. Der Konflikt besteht auch zwischen Jungen und Alten. Den Jungen mit ihrem Zauber, ihrer Vitalität und Irrationalität, dem Beharren darauf, nicht glauben zu wollen. Den Alten, ohne Illusionen, umschlossen von Erinnerungen, zufrieden mit ihrer eigenen Kultur und Erfahrung.

Hatte seine rauhe lombardische Baßstimme im Ohr und hörte die von ihm bei der Arbeit bevorzugten bilderreichen Verbalinjurien aus dem Sprachschatz des römischen Proletariats. Einmal hörte ich ihn in Venedig zu Beginn einer Pressekonferenz den Feuilletonisten sagen: „Wenn Sie mir mit stumpfsinnigen Fragen kommen, wird ein Pandaemonium ausbrechen!" So einer war das. Sein Kunstverstand schien mir außerordentlich. Was habe ich mir Mühe gegeben, von ihm anerkannt zu werden, von ihm zu lernen, zum Beispiel von seiner großen Liebe zu Italien, dessen Kultur er so sehr verinnerlicht hatte und die anzureichern er sich berufen fühlte. Außerdem bin ich ja oft zu ihm gegangen, um mir Rat zu holen in künstlerischen und persönlichen Fragen, und jedesmal habe ich ganz unerwartete, dafür aber praktisch umsetzbare Ratschläge erhalten. Auch das war nun vorüber, es wurde immer leerer in dieser Welt – (...).

Übersetzt von Klaudia Ruschkowski

Alfons Maria Arns

Viaggio in Germania

In Erinnerung an Karsten Witte

Viscontis Begegnungen mit Deutschland

Zu Beginn des Jahres 1970 lief in den Kinos der Bundesrepublik ein Spielfilm an, den der Film- und Theaterregisseur Rainer Werner Fassbinder einmal als den „deutschesten" Film bezeichnete, den er kenne: Luchino Viscontis LA CADUTA DEGLI DEI (Götterdämmerung) mit dem deutschen Verleihtitel „Die Verdammten". Visconti hätte das vermutlich als Kompliment aufgefasst für seinen Versuch, Deutschland mit seiner jüngeren Geschichte von Nationalsozialismus, Zweitem Weltkrieg und Holocaust zu verstehen. In einer immer weiter in die Geschichte zurückgehenden Suchbewegung forschte der italienische Regisseur nach den Ursachen der „deutschen Katastrophe", als müsste es einen Zeitpunkt oder ein Ereignis geben, mit dem alles begann. So entstanden die Filme LA CADUTA DEGLI DEI (Die Verdammten, 1969), MORTE A VENEZIA (Tod in Venedig, 1971) und LUDWIG (Ludwig II., 1973), die erst post festum als „trilogia germanica", als „deutsche Trilogie" in die Filmhistorie eingegangen sind.[1] Den historischen Hintergrund bilden jeweils folgenschwere Brüche in der deutschen Geschichte: die Jahre 1933/34 mit der Entstehung des NS-Staates; das Jahr 1911 mit der schon zu diesem Zeitpunkt drohenden Gefahr eines europäischen Krieges (die deutsche Flottenpolitik in der zweiten Marokkokrise und der „Panthersprung nach Agadir"); die kriegerischen Gründerjahre des „Deutschen Reiches" mit der Eingliederung des Königreichs Bayern in das zweite deutsche Kaiserreich im Jahre 1871.

Vor diesem gewaltigen Prospekt agieren die Protagonisten Aschenbach in LA CADUTA DEGLI DEI, sein Namensvetter Gustav von Aschenbach in MORTE A VENEZIA und Ludwig II., die den Gang durch die Story als Gang durch die Zeit deutlich machen sollen. Denn die Zeit, so Gilles Deleuze, ist Viscontis eigentliches Thema.[2] Das Kino träumte immer schon davon, „die direkte Präsentation der Zeit zu erreichen".[3] Bei Visconti ist dieser Vorstoß in die Geschichte als (Kamera-) Bewegung im Raum inszeniert, mal schockartig-mitreißend, dann wieder verführerisch-fließend, dem Gestus der Musik folgend. Historische Authentizität (Originalschauplätze, Musik) und sorgfältige Rekonstruktion (Kostüme, Dekor) sind für Visconti Grundvoraussetzungen, um Geschichte im Film wie in einem sich im Zerfall befindlichen „Zeitkristall" (Deleuze) sichtbar zu machen. Die deutsche Geschichte stellte eine besondere Herausforderung dar, führte sie den Regisseur doch an die Grenzen seiner Poetik des „anthropomorphen", auf emphatische Weise den Menschen zugewandten Kinos.

Der Film LA CADUTA DEGLI DEI schreckte das Kinopublikum in Deutschland auf, denn mit einem Schlag sahen sich die Menschen in der auf allegorische Weise zugespitzten Konstellation von Tätern und Opfern mit der Vergangenheit konfrontiert. Nie zuvor in einem Spielfilm waren Schauspieler als Soldaten der SA und SS in ihren braunen und schwarzen Uniformen so offen in Szene gesetzt worden, wurden ungeniert Nazilieder gegrölt und brutale Erschießungsaktionen nachgestellt, wurde die politische Rolle von Schwerindustrie, Wehrmacht und SS im „Dritten Reich" ins Zentrum einer Dramaturgie der verführerischen Macht des Bösen im Nationalsozialismus gerückt. Symptomatisch war für den Verfasser jenes Ereignis, als während einer Filmvorführung mehrere ältere Zuschauer leise die Melodie eines Naziliedes mitsummten und ihre Beine zum Marschrhythmus in Bewegung gerieten. Die Vergangenheit war von der Leinwand ausgehend in ihre Körper eingedrungen und auf unheimliche Weise lebendig geworden.

Unter den Regisseuren Italiens gibt es keinen, der sich so intensiv mit Geschichte und Kultur der Deutschen beschäftigt hat wie der am 2. November 1906 in Mailand geborene und am 17. März 1976 in Rom verstorbene Theater-, Opern- und Filmregisseur Luchino Visconti. Das ging so weit, dass er anlässlich einer geplanten Adaption

[1] Vgl. Pietro Bianchi: Trilogia germanica. In: „Ludwig" di Luchino Visconti, hg. v. Giorgio Ferrara. Bologna 1973, S. 11–27.
[2] Vgl. Gilles Deleuze: Das Bewegungs-Bild. Kino 1. Frankfurt am Main 1989, S. 184.
[3] Ebd., S. 57.

des Romans *Der Zauberberg* (1924), mit der die bereits realisierte Trilogie zu einer Tetralogie erweitert werden sollte, sich selbst einmal gegenüber Golo Mann als Biograf Deutschlands[4] bezeichnete. Woher rührte dieses Interesse, mit welchen Personen und Ereignissen war es verknüpft und welchen Niederschlag hat es in seinem Werk gefunden, auch über die „deutsche Trilogie" hinaus?

Wie Gianni Rondolino in seiner Visconti-Biografie ausführt, schien der Regisseur in diesen frühen siebziger Jahren völlig versunken zu sein in der „germanità".[5] Die für die Spielzeit 1973 geplante Regie des ersten Teils der Wagner'schen Ring-Tetralogie *Das Rheingold* am Mailänder Teatro alla Scala hatte Visconti aus gesundheitlichen Gründen absagen müssen, nachdem die Arbeiten zu LUDWIG seine ganze Kraft in Anspruch genommen und er im Juli 1972 einen Kreislaufkollaps mit Lähmungserscheinungen erlitten hatte. In einer Erklärung im *Corriere della Sera* kündigte er aber an, das gesamte Wagner-Projekt *Der Ring des Nibelungen* in den kommenden Spielzeiten wieder aufzugreifen, sobald seine Gesundheit dies zulasse.[6] Neue tatkräftige Zukunftspläne also noch im Moment des Verzichts, die signalisieren, wie weitgehend diese späte Hinwendung zu Deutschland gewesen sein muss.

Interessant ist, dass Rondolino und einige andere italienische Filmhistoriker Viscontis Beschäftigung mit deutschen Themen im Spätwerk nicht mehr in ihrer historisch-politischen Dimension wahrnahmen, wie sie noch den früheren Filmen SENSO, ROCCO E I SUOI FRATELLI oder IL GATTOPARDO zugestanden wurde, sondern als bloße autobiografische Selbstbespiegelung eines Regisseurs, der seine privaten Probleme und Leidenschaften auf die Figuren der jeweiligen Filme projiziere. Während Rondolino in Bezug auf den Film LUDWIG vom Bekenntnis eines Autors an der Schwelle zum Tod, gar von einer „öffentlichen Selbstgeißelung" sprach, erhob der Filmkritiker Guido Aristarco gegenüber dem „späten" Visconti den Vorwurf einer Verschmelzung von „Konzepten des Individualismus und des Todes". In der „deutschen Trilogie" sei „sterben" das verbindende Wort: todgeweiht seien die Personen. „In seinem letzten, tragischen Stadium unterscheidet sich das Wissen Viscontis nicht von seinem Sein, ist es nicht mehr ein Teil des Seins. Er weiß nichts mehr über Ludwig, da er Ludwig ist: Er lebt weiter, in der Art, wie er leben muß – die physische Krankheit lähmt ihn immer mehr –, aber er handelt nicht mehr."[7]

Auch im Spätwerk und insbesondere in den Filmen der „deutschen Trilogie" ist der für Viscontis Filme insgesamt so charakteristische doppelte Blick auf Politik und Eros vorhanden. Der gleichzeitig geführte autobiografische Diskurs, ein komplexes Wechselspiel von Erinnerungen, Ängsten und Sehnsüchten, ist der Motor dieser Bemühungen und sollte nicht als „Autobiografismus" abgewertet, sondern als eine produktive Kraft des Verstehenwollens begriffen werden. Denn es dürfte wohl kaum einen Regisseur geben, der seiner widersprüchlichen Existenz als Aristokrat, Homosexueller und Kommunist eine so aufrichtige künstlerische Gestalt gegeben hat.[8] Der 1995 verstorbene Filmkritiker Karsten Witte hat Visconti einmal als „Chronist der Gefühle in Umbruchszeiten", als „Anwalt unerlöster Leidenschaften" bezeichnet, was sehr treffend ist für jemanden, der in seinen Filmen stets bewusst untersucht hat, in welchem Verhältnis die privaten Leidenschaften zu der Notwendigkeit politischen Denkens und Handelns stehen. „Visconti nimmt den Zwischenraum ein", so Witte, „ihm geht es um den Augenblick des Nicht-Mehr und des Noch-Nicht. An diesem Ort herrscht oft trügerische Stille, schwelgerischer Luxus und täuschende Euphorie. Der Sturz ist umso tiefer. Der Ort, den Visconti als Geschichtsphilosoph einnehmen würde, ist einer, an dem Geschichte klafft. Visconti bezeichnet den historischen Zwischenraum."[9]

Viscontis Annäherungen an deutsche Kultur und Geschichte sind der Versuch, „Deutschland und die Deutschen" vor dem Hintergrund der Naziherrschaft zu verstehen. Der wichtigste Mittler in diesem Verstehensprozess ist der Schriftsteller Tho-

---

Faschismus und Nationalsozialismus im Spielfilm der siebziger Jahre

IL CONFORMISTA
(1970, Bernardo Bertolucci)
IL GIARDINO DEI FINZI CONTINI
(1970, Vittorio De Sica)
CABARET (1972, Bob Fosse)
FILM D'AMORE E D'ANARCHIA
(1973, Lina Wertmüller)
LACOMBE LUCIEN
(1973, Louis Malle)
IL PORTIERE DI NOTTE
(1974, Liliana Cavani)
SALÒ O LE 120 GIORNATE DI
SODOMA (1975, Pier Paolo Pasolini)
SALON KITTY (1975, Tinto Brass)
PASQUALINO SETTEBELLEZZE
(1975, Lina Wertmüller)
NOVECENTO
(1976, Bernardo Bertolucci)
DAS SCHLANGENEI
(1976, Ingmar Bergman)
M. KLEIN (1976, Joseph Losey)
HOLOCAUST
(1976, Marvin J. Chomsky)
HITLER – EIN FILM AUS DEUTSCHLAND (1977, Hans Jürgen Syberberg)
LE DERNIER MÉTRO
(1980, François Truffaut)
LILI MARLEEN
(1981, Rainer Werner Fassbinder)

---

[4] Costanzo Costantini: L'ultimo Visconti. Mailand 1976, S. 12.

[5] Gianni Rondolino: Luchino Visconti. Turin 1981, S. 500.

[6] Vgl. Luchino Visconti: „Rinuncio con dolore alla Scala". In: Corriere della Sera, 3.2.1973.

[7] Guido Aristarco: Der späte Visconti zwischen Wagner und Mann. In: Film und Fernsehen, 5/1992, S. 18–25, hier: S. 19.

[8] Vgl. Pascal Bonitzer: Visconti, le communisme et l'homosexualité. In: caméra/stylo, 7/1989, S. 17–19.

[9] Vgl. Karsten Witte: Der Filmregisseur Luchino Visconti – ein Porträt. (= unveröffentl. Manuskript, NDR 3, 15.2.1987).

Italienische Filme über
Deutschland und seine Geschichte

ROMA CITTÀ APERTA
(1945, Roberto Rossellini)
GERMANIA ANNO ZERO
(1947, Roberto Rossellini)
LA PAURA (1954, Roberto Rossellini)
I MAGLIARI (1959, Francesco Rosi)
STORIA DEL TERZO REICH
(1961/62, Liliana Cavani)
I SEQUESTRATI DI ALTONA
(1962, Vittorio De Sica)
PORCILE (1969, Pier Paolo Pasolini)
IL GIARDINO DEI FINZI CONTINI
(1970, Vittorio De Sica)
IL PORTIERE DI NOTTE
(1974, Liliana Cavani)
AL DI LÀ DEL BENE E DEL MALE
(1977, Liliana Cavani)
INTERNO BERLINESE
(1985, Liliana Cavani)

[10] Vgl. hierzu ausführlich Thomas Meder: Vom Sichtbarmachen der Geschichte. Der italienische „Neorealismus", Rossellinis „Paisà" und Klaus Mann. München 1993, S. 145–227.
[11] Vgl. Tagebuchnotizen vom 11. III., 27. VIII., 8. X. und 19. X. 1945 in: Klaus Mann: Tagebücher 1944 bis 1949, hg. v. J. Heimannsberg / P. Laemmle / W.F. Schoeller. München 1991, S. 77, 94, 98.
[12] Am deutlichsten sichtbar wird der Einfluss der Novelle auf den Film, wenn man einen Blick in das im Fondo Visconti aufbewahrte, von Visconti und Enrico Medioli verfasste „trattamento" wirft, das den Titel *All but Toys. Synopsis per un film su Ludwig di Baviera* trägt und auf den 6. Juni 1971 datiert ist.
[13] Vgl. Gaia Servadio: Luchino Visconti - a biography. New York 1983, S. 47.

mas Mann, der wie kaum ein anderer als bürgerlicher Repräsentant und kritischer Chronist deutscher Geschichte gilt. Mit Thomas Mann teilte Visconti die Liebe zu und das Leiden an Deutschland. So konnte der Regisseur in dessen Werk die italienische Geschichte (die verspätete nationale Einigung, die Unfähigkeit zu einer bürgerlichen Revolution und der Faschismus), die Geschichte der eigenen Familie (eine Allianz von Aristokratie, Großbürgertum und Künstlerexistenz) und schließlich seine Liebe zu den Männern gespiegelt sehen: ein italienisch-deutsches Wechselspiel auf der Folie der Mann'schen Italien-Sehnsucht.

Nicht weniger wichtig ist die Bedeutung des Enfant terrible Klaus Mann. Wie wir heute aus seinen Tagebüchern wissen, hat er sich im Sommer/Herbst 1945 nach der Befreiung Italiens durch die amerikanische Armee mehrmals mit Visconti in Rom zu Gesprächen getroffen. Klaus Mann war gerade aus dem Dienst der US Army und seiner Korrespondententätigkeit für die Zeitung *Stars and Stripes* entlassen worden und arbeitete zusammen mit dem Filmregisseur Roberto Rossellini am Exposé für ein Projekt über den Italien-Feldzug der US Army mit dem späteren Titel PAISÀ.[10] Visconti präsentierte in diesem Jahr im Teatro Eliseo dem römischen Publikum seine ersten Theaterinszenierungen von französischen und amerikanischen Autoren wie Jean Cocteau, Jean-Paul Sartre und Ernest Hemingway. Begierig auf das neue italienische Theater- und Kinoleben und bemüht um Kontakte zu Film- und Theaterleuten, besuchte Klaus Mann viele der Visconti-Inszenierungen. Zu den mehrmaligen Treffen direkt nach den Aufführungen heißt es in den Tagebüchern stets nur lapidar: „Gespräch mit Visconti".[11] Erst Jahre später sollte Klaus Mann eine Bedeutung für Visconti bekommen; mit seiner Novelle um den Tod König Ludwigs II. von Bayern *Vergittertes Fenster* (1937), der wichtigsten literarischen Quelle für den Film LUDWIG (1973) und dessen Entstehungsprozess.[12] Die einfühlsam geschriebene Erzählung liefert den Schlüssel zum Verständnis des dritten Teils der „deutschen Trilogie", da sie die Homosexualität und das Volkskönigtum, die Leidenschaft für Richard Wagner und für Schlösser, die Zuneigung zu Kaiserin Elisabeth und Ludwigs Einsamkeit und Leiden ins Zentrum eines historischen Porträts rückt. So wie Luchino Visconti seinen Film als kriminalistische Recherche politischer Intrigen vom Ende her aufrollt und Ludwigs Freundschaften und Passionen mit großer Sympathie Revue passieren lässt, so beschreibt auch Klaus Mann seinen in ein Zimmer mit vergitterten Fenstern eingesperrten Helden mit einer ganzen Serie von perspektivischen Rückblenden.

Zwischen 1933 und 1935 reiste der junge wohlhabende Visconti mehrfach nach Deutschland, wo er sich in Berlin und München öffentliche Aufmärsche der neuen Machthaber anschaute. Die Biografin Gaia Servadio berichtet, dass Visconti damals fasziniert auch Leni Riefenstahls TRIUMPH DES WILLENS (1935) gesehen hat.[13] Der Propagandafilm war im März 1935 im Berliner Ufa-Palast am Zoo uraufgeführt und noch im gleichen Jahr während des Filmfestivals in Venedig gezeigt worden. Den Gegenpol zu diesen Expeditionen ins „Dritte Reich" bildete Paris mit den Emigranten und Exilanten aus Deutschland, Italien und Spanien. Dorthin kam Visconti im Frühjahr 1936. Er lernte zwei Künstler kennen, die seine Abkehr von der Sympathie für Faschismus und Nationalsozialismus wie auch die Hinwendung zu sozialistisch-kommunistischen Ideen und zum Film in Gang setzten: den französischen Filmregisseur Jean Renoir (1894–1979) und den in Deutschland geborenen und aufgewachsenen Fotografen Horst P. Horst (1906–1999). Während Visconti als Regieassistent bei einigen Filmen Renoirs den Umgang mit Drehbuch, Drehortsuche, Kamera, Kostümen und Schauspielern erlernte und schließlich am Film LA TOSCA (1941) mitwirkte, machte ihn der neu gewonnene Freund Horst in seinem Studio mit den künstlerischen Möglichkeiten der Fotografie vertraut.

Geboren als Horst Paul Albert Bohrmann in Weißenfels an der Saale, war Horst zu Beginn der dreißiger Jahre nach Paris gegangen und arbeitete schließlich als

Fotograf für die Modezeitschrift *Vogue*. Dort begegnete er dem gleichaltrigen Visconti; aus einer stürmischen Liebesbeziehung wurde schließlich eine lebenslange Freundschaft auf Distanz. Wie zum Beleg der Abwendung vom Nationalsozialismus gibt es einen Brief von Visconti an Horst, der seit 1937 in den USA lebte, geschrieben wenige Monate nach Beginn des Zweiten Weltkriegs. Dort heißt es unter anderem: „Wie bedauere ich es doch, dass ich, wenn auch nur für einen kurzen Augenblick meines Lebens, auf der Seite ... der Nazis gewesen bin. Vielleicht verstehst Du, dass diese Neigung bei mir hauptsächlich ästhetischer Natur war ... Aber jetzt ist keine Zeit mehr für derlei Vorlieben und ich wünsche mir nur, dass dieses ganze Volk ausgerottet werden möge (mit Ausnahme einiger weniger Personen, die ich namentlich nennen könnte). Du stimmst mir doch zu?"[14]

LA CADUTA DEGLI DEI (1969)

Von Renoir hatte Visconti Ende der dreißiger Jahre den Roman *The Postman Always Rings Twice* des Amerikaners James M. Cain erhalten. Mithilfe von Filmjournalisten aus dem Umfeld der Zeitschrift *Cinema* übertrug Visconti die hart erzählte Dreiecksgeschichte um Leidenschaft, Ehebruch und Mord auf italienische Verhältnisse, tief verankert in der Landschaft der Pianura Padana. Es entstand der Spielfilm OSSESSIONE (1943), mit dem nicht nur Viscontis Filmkarriere begann, sondern der italienische Film insgesamt in eine neue Richtung gelenkt wurde, die des Neorealismus. Doch was hatte Visconti mitten in einer Zeit von Faschismus und Krieg dazu gebracht, selber Filme zu machen? Eine Antwort findet man in jenen berühmten Sätzen aus Viscontis ästhetischem Manifest *Das anthropomorphe Kino* vom Oktober 1943: „Zum Film hat mich vor allem das Bestreben geführt, Geschichten von lebendigen Menschen zu erzählen, von lebendigen Menschen inmitten der Dinge, nicht von Dingen an sich."[15]

Als Italien nach dem Sturz Mussolinis im Juli 1943 und der Kapitulation Italiens im September 1943 von der deutschen Wehrmacht und der SS besetzt wurde, war Visconti unter falschem Namen in der italienischen Widerstandsbewegung aktiv und stellte seine römische Villa als Zuflucht für Widerstandskämpfer zur Verfügung. Im Frühsommer 1944 wurde er von der neu gegründeten politischen Polizei verhaftet, ins Gefängnis geworfen und dort zum Zeugen von Folter und Mord. Während eines Verhörs wurde Visconti geschlagen, das Trommelfell seines linken Ohres wurde zerstört, so dass er auf ihm taub blieb.[16]

Mithilfe von Freunden wurde Visconti nach kurzer Zeit aus dem Gefängnis befreit und schon bald darauf schrieb er zusammen mit Leidensgenossen das Treatment zu einem Film über jene grausamen Ereignisse. Der Titel *Pensione Oltremare*[17] sollte auf lakonische Weise hindeuten auf die berüchtigten Foltergefängnisse des Leiters der politischen Polizei in Rom, Pietro Koch. *Pensione Oltremare* wurde nicht realisiert, dafür aber ein Jahr später der in einem Kollektiv unter Beteiligung Viscontis hergestellte Dokumentarfilm GIORNI DI GLORIA (1945), der den Anteil der Resistenza an der Befreiung Italiens festzuhalten suchte. Im Zentrum des Films stehen die

[14] Brief von Luchino Visconti an Horst P. Horst, Rom, 14.11.1939 (Original in Französisch); amerik. in: Valentine Lawford: Horst – His Work and his World. New York 1984, S. 190. (Übers. d. Verf.)

[15] Luchino Visconti: Das anthropomorphe Kino, in diesem Buch, S. 51 f.

[16] Vgl. Hans Werner Henze: Reiselieder mit böhmischen Quinten. Autobiographische Mitteilungen 1926–1995. Frankfurt am Main 1996, S. 184.

[17] Ein Auszug dieses Treatments findet sich in Giovanni Vento / Massimo Mida: Cinema e Resistenza. Florenz 1959, S. 146–157.

Ereignisse um das Massaker in den Fosse Ardeatine bei Rom im Frühjahr 1944, wo deutsche Soldaten der SS als Vergeltungsmaßnahme für ein Partisanenattentat in der römischen via Rasella 335 politische Gefangene auf bestialische Weise erschossen hatten. Für diese „Chronik trauriger Ereignisse"[18] filmte Visconti in einer bedrückend-realistischen Mischung aus Voyeurismus und Anteilnahme, gleichsam in einem Akt der „Reinigung", die Kriegsverbrecherprozesse gegen den Polizeichef Caruso und seine Mitarbeiter Koch und Occhetto sowie die Urteilsverkündung und die Vollstreckung der Todesstrafe durch Erschießen.[19]

LA CADUTA DEGLI DEI (1969)

Nach dem Ende von Faschismus, Krieg, Okkupation und Widerstand setzte Visconti seinen neorealistischen Weg fort und wandte sich den Problemen sizilianischer Fischer und den Filmträumen einer römischen Kleinbürgerin zu. Es entstanden der semidokumentarische Film LA TERRA TREMA (1948) und die Tragikomödie BELLISSIMA (1951). Mit seinem ersten Farbfilm SENSO (1954) betrat Visconti dann erstmals historisches Terrain und widmete sich der Zeit des italienischen Befreiungskriegs von den österreichischen Besatzern, der Epoche des „Risorgimento". Karsten Witte hat darauf hingewiesen, dass die Sprache der Besatzer in der italienischen Originalfassung von SENSO deutsch belassen wurde. „Aber diese Stimmen, die Befehle schreien, Komplimente machen, klingen eher preußisch als österreichisch. Mögen die Herren dreistimmig Schuberts Lied an den Lindenbaum singen, nach ihrem blutigen Sieg in Custoza gröhlen sie: ‚Schwarzbraun ist die Haselnuß, schwarzbraun bist auch du' und andere Soldatenlieder, die in italienischen Ohren wie die gerade verflossenen Lieder der Naziruppen klangen. Hinter den feschen Österreichern lauern die häßlichen Deutschen."[20]

In das Jahr 1956 fiel die Uraufführung des Ballettdramas *Mario e il mago / Mario und der Zauberer* an der Mailänder Scala nach der gleichnamigen Erzählung von Thomas Mann (1930). Bereits während der Arbeit an OSSESSIONE hatte Visconti zwei kürzere Erzählungen Manns für den Film bearbeitet (*Herr und Hund*, 1919; *Unordnung und frühes Leid*, 1925), beide waren aber nicht über das Stadium des Treatments hinausgekommen. Jetzt also das theatralische Debüt mit dem Schriftsteller Thomas Mann, der das ganze Projekt vom Vertragsabschluss im Jahre 1951 an aufmerksam verfolgt und sich im Jahre 1953 sogar mit Visconti in Rom getroffen hatte, um über die ungewöhnliche Mischung des „spettacolo-balletto" von Rezitation, Gesang, Musik, Tanz und Dekoration unterrichtet zu werden. Am Tag des Zusammentreffens soll Visconti, so erinnert sich der Komponist der Ballettmusik Franco Mannino, nervös wie ein Löwe in seinem Käfig gewesen sein. Nachdem Visconti ihm das Libretto und die Regieabsichten und Mannino ihm die Partitur erläutert hatte, war Thomas Mann beruhigt.[21] Da die Premiere mehrmals verschoben werden musste, konnte Thomas Mann, der im August 1955 starb, die Aufführung nicht mehr erleben.

In seiner „azione coreografica" betonte Visconti den Gegensatz zwischen der realen Welt eines mondänen italienischen Seebades und der Scheinwelt, in die der

[18] Jochen Wolf: „Giorni di Gloria" / „Tage des Ruhms" - Chronik trauriger Ereignisse. In: Das Jahr 1945 - Filme aus fünfzehn Ländern. Berlin 1990, S. 269 f.
[19] Vgl. Mario Serandrei: Gli scritti - un film: „Giorni di gloria", hg. v. Laura Gaiardoni. Rom 1998.
[20] Vgl. Witte (1987), S. 12.
[21] Vgl. Franco Mannino: Musica e spettacolo: esperienze con Luchino Visconti. In: Rassegna musicale Curci, Nr. 3, Dez. 1977 / Jan. 1978, S. 69.

Zauberer den jungen Mario versetzt.[22] Auffällig ist, dass Visconti noch im bereits publizierten Libretto aus dem Jahre 1954 den Zeitpunkt des Novellengeschehens (etwa Mitte der zwanziger Jahre) auf das Jahr 1935 verschoben hatte, weshalb man eine zugespitzte Faschismusinterpretation hätte erwarten können.[23] Offenbar wollte er aber später den der Novelle inhärenten Aspekt des Antifaschismus nicht allzu sehr betonen, sondern ihre magisch-illusionistischen Elemente herausarbeiten. Der Schriftsteller und Musikkritiker Eugenio Montale monierte jedenfalls, dass die vielen Verwicklungen der Novelle – etwa die Parodie auf Mussolini in der Figur des Zauberers Cipolla – verloren gegangen seien und alles sich auflöse in ein vage-realistisches Märchen.[24]

LA CADUTA DEGLI DEI (1969)

Mit der Freundschaft zu dem fast zwanzig Jahre jüngeren deutschen Komponisten Hans Werner Henze, der seit 1953 in Italien lebt, begann auch ein neues Kapitel der Annäherung an Deutschland. Visconti lernte Henze im Spätherbst 1955 kennen, nachdem er zuvor in einem Brief nicht mit Lob gespart hatte für zwei in Italien aufgeführte Kompositionen: die Ballett-Pantomime *Der Idiot* (1952) und das lyrische Drama *Boulevard Solitude* (1951). Henze besuchte seinerseits, zusammen mit Ingeborg Bachmann, Proben zu einer *La Traviata*-Inszenierung Viscontis mit Maria Callas, und es entstand ein intensiver Austausch von Besuchen und Gesprächen. Visconti missfiel Henzes Vorliebe für Gustav Mahler und er fand, dass er ihm eigentlich „diese ganze *pesantezza tedesca* abgewöhnen müsse".[25]

Schließlich erhielt Hans Werner Henze das Angebot, die Musik für das von Visconti konzipierte Ballett *Maratona di danza* zu schreiben. Es war kein Ballett im herkömmlichen Sinn, „sondern eher ein Schau-Spiel, in dem Tanzen Tragödie an sich ist, (es) handelt von Gianni, einem römischen Vorstadtjungen, der in einer der Tanz-Marathon-Veranstaltungen, wie sie nach dem Kriege in Italien in Mode waren, ein prosaisch-grausiges Ende findet".[26] Henze sagte begeistert zu und erfand zum Visconti'schen Libretto eine „neorealistische Musik" zwischen Jazz und einer betont klassischen, am Barock orientierten Klanglichkeit.[27] Die Premiere an der Städtischen Oper Berlin am 24. September 1957 war von Tumulten begleitet und geriet zum Skandal.[28] Die giftig-aggressive Show passte zu Berlin, erinnerte sie doch daran, dass die Stadt in den zwanziger und frühen dreißiger Jahren – insbesondere in den Augen vieler italienischer Schriftsteller und „Flaneure" wie Marinetti, Borgese, Pirandello, Solari, Alvaro, Rosso di San Secondo und vielleicht auch in der Erinnerung Viscontis – einmal ein kulturelles Laboratorium der europäischen Avantgarde gewesen war.[29] Mit dem Essay *Versuch über Luchino Visconti*, geschrieben ein Jahr nach der Uraufführung, bedankte sich Henze bei dem Mann, der das Musiktheater in Deutschland wieder zum Ausdrucksmedium des Tanzes hingeführt und dem deutschen Publikum gezeigt hatte, dass die Mittel darstellender Kunst grenzenlos sein können, wenn sie mit aller Genauigkeit in den Dienst einer Suche nach menschlicher Wahrheit gestellt werden.[30]

[22] Vgl. Horst Rüdiger: Thomas Manns „Mario und der Zauberer" in der Mailänder Scala. In: Universitas, H. 5, Mai 1956, S. 553 f.

[23] Vgl. Mario e il mago. Azione Coreografica in due atti di Luchino Visconti, tratta dal racconto omonimo di Thomas Mann, Musica di Franco Mannino. Mailand 1954.

[24] Vgl. Eugenio Montale. In: Corriere d'informazione, 27./28.2.1956.

[25] Vgl. Henze (1996), S. 171.

[26] Hans Werner Henze: Arbeit mit Luchino Visconti. In: Ders.: Essays. Mainz 1964, S. 83.

[27] Vgl. die Studienpartitur von Hans Werner Henze: Maratona. Tanzdrama von Luchino Visconti. Ein Bild (1956). Mainz u.a.O. 2001.

[28] Vgl. Henze (1996), S. 184.

Während der Proben zu *Maratona di danza* im August 1957 hatte Visconti sich Theateraufführungen in Berliner Schauspielhäusern angesehen (unter anderem mehrere Brecht-Stücke im Theater am Schiffbauerdamm). Eine *Hamlet*-Inszenierung von Fritz Kortner am Schiller-Theater gefiel ihm so, dass er Kortner einen Brief schrieb. Aus dieser Zeit resultierte auch die Gewohnheit, sich für Filmbesetzungen auf den Bühnen deutscher und österreichischer Sprechtheater umzusehen oder auf Darsteller zu achten. Helmut Griem wurde auf diese Weise ebenso von Visconti entdeckt wie Maria Schell. Auf der Suche nach einem neuen Filmstoff hatte die Drehbuchautorin Suso Cecchi d'Amico im September 1956 den Roman *Weiße Nächte* (1848) von Fjodor Dostojewskij vorgeschlagen. Visconti sah sofort eine Umsetzung und meinte in einem Telegramm an seine Ratgeberin, dass es ein „schöner Coup" wäre, Maria Schell zu engagieren. Sie war bereits international bekannt durch Filme wie DIE LETZTE BRÜCKE, DIE RATTEN und GERVAISE.

LA CADUTA DEGLI DEI (1969)

Durch Alain Delon lernte Visconti im Sommer 1960 dessen Verlobte Romy Schneider kennen. Bei einem Treffen in Viscontis Haus in Rom gefielen ihm ihr Mut und ihre Willensstärke: „Weiblich, aber hart."[31] Schon nach wenigen Abenden bot er ihr als Partnerin von Alain Delon die Rolle der Annabella in dem elisabethanischen Theaterstück *Schade, dass sie eine Hure war* (1633) von John Ford an. Wie so oft bei jungen Darstellern und Mitarbeitern sah Visconti sofort die Chance zur Formung einer begabten Schauspielerin. Die damals erst 23 Jahre alte Romy Schneider hielt dieses Angebot zunächst für eine absurde Idee: „Ein Mädchen ohne jede Bühnenerfahrung soll ausgerechnet in einem englischen Stück in französischer Sprache mit einem italienischen Regisseur auftreten?"[32] Visconti aber ließ nicht locker und nach vielen Mühen und Qualen erlebte Romy Schneider im März 1961 auf der Bühne des Théâtre de Paris zum ersten Mal „das Gefühl, eine Schauspielerin zu sein".[33]

Sie war vom „pausbäckigen Jungmädchen" zur selbstbewussten Frau und Schauspielerin mutiert. Visconti drehte anschließend mit ihr den Film IL LAVORO (1962), die sarkastische Interpretation einer Erzählung von Guy de Maupassant, übertragen ins zeitgenössische Italien. Zehn Jahre später forderte Visconti seine „Romina" auf, in dem Film LUDWIG erneut die Kaiserin Elisabeth von Österreich zu spielen, diesmal jedoch als Seelenverwandte des Bayernkönigs. In Deutschland war Romy Schneider die „Sissi" nie wirklich losgeworden, jetzt aber konnte sie dem heimischen Publikum die Summe ihrer schauspielerischen Erfahrungen präsentieren: „Ich werde diese Rolle, den Charakter dieser Frau zum ersten Mal wirklich spielen ..."[34]

Aus der Rückschau betrachtet, erhält die Formung der Schauspielerin Romy Schneider durch Visconti zentrale Bedeutung, können doch Schauspieler/-innen immer auch die Verkörperungen nationaler Phantasmen sein. Françoise Audé hat in diesem Zusammenhang auf Viscontis entscheidende Vermittlerrolle hingewiesen zwischen dem süßlichen deutsch-österreichischen Sissi-Mythos, der auf ihr lastete,

◄ [29] Vgl. Olga Cerrato: La Berlino degli italiani. Percorsi letterari nella metropoli del primo Novecento. Florenz 1997.

◄ [30] Vgl. Hans Werner Henze: Versuch über Luchino Visconti. In: Merkur, Jg. 12, H. 10, Okt. 1958, S. 964–970.

[31] Vgl. Oriana Fallaci: Sono tutti suoi figli (= Interview mit Luchino Visconti). In: L'Europeo, Nr. 39, 24. 9. 1961, S. 32, 34.

[32] Ich, Romy. Tagebuch eines Lebens, hg. v. Renate Seydel. Frankfurt am Main / Berlin 1990 (1988), S. 188.

[33] Ebd., S. 192.

[34] Seydel (1990), S. 273f.

und dem französischen Publikum.³⁵ Als Verbündete der Männer und unabhängige Frau durchlief sie in den siebziger Jahren „die ganze Skala der Gefühle und Wunschvorstellungen der Französinnen – und zweifellos auch der Europäerinnen", während sie gleichzeitig in Rollen auftrat, „in denen man den Widerhall der schändlichen, mit Wunden geschlagenen Vergangenheit jenes Deutschland vernimmt, in dem sie sich so mißverstanden fühlte. Ihr Tagebuch, soweit man es kennt, zeigt die Bedeutung, die sie ihrer deutschen Identität beimaß."³⁶

Für Visconti begann der Abstieg in die deutsche Vergangenheit mit dem Film VAGHE STELLE DELL'ORSA... (1965), jenem düsteren, im etruskischen Volterra angesiedelten Requiem um Schuld, Trauer und Anklage mit der Suche nach einer neuen jüdischen Identität vor dem Hintergrund des Holocaust.³⁷ Gemeinsam mit ihrem amerikanischen Ehemann Andrew Dawdson ist die Dolmetscherin Sandra auf der Suche nach der Wahrheit über ihren 1944 in Auschwitz ermordeten Vater, dem früher in Volterra in großbürgerlichen Verhältnissen lebenden jüdischen Wissenschaftler Emmanuel Wald Luzzatti. Das Paar hatte in Auschwitz mit der Suche begonnen und schließlich Nachforschungen bei den wenigen Überlebenden angestellt. In einem BMW-Sportwagen geht es von Genf aus nach Volterra; eine Bewegung im Raum, die als Reise in die Vergangenheit spürbar ist. Niemandem in diesem Film gelingt es, der Geschichte zu entrinnen. Und so könnte man Viscontis VAGHE STELLE DELL'ORSA... auch als präzisen zeitgenössischen Kommentar zum deutsch-italienischen Verhältnis lesen; dass nämlich die Auseinandersetzung mit der gemeinsamen Vergangenheit gerade erst begonnen hatte.

LA CADUTA DEGLI DEI (1969)
René Kolldehoff

Während der Entstehung von VAGHE STELLE DELL'ORSA... fand in Frankfurt am Main von Dezember 1963 bis August 1965 der erste Auschwitz-Prozess statt. Da die internationale Presse ausführlich darüber berichtete, kann man annehmen, dass Visconti und sein Koautor Enrico Medioli das Geschehen verfolgt haben. Denn auffällig ist, dass noch im letzten Drehbuchentwurf vom August 1964 nicht Genf, sondern Berlin der Ausgangspunkt für die kathartische Reise in die Vergangenheit sein sollte.³⁸ Wie einige Regiekollegen vor ihm (etwa Alain Resnais mit NUIT ET BROUILLARD, 1956, oder Gillo Pontecorvo mit KAPÒ, 1960) war sich Visconti der Notwendigkeit einer filmischen Auseinandersetzung mit dem Holocaust bewusst, wollte sie aber angesichts einer mit fiktiven Mitteln kaum darstellbaren Realität auf distanziert-vorsichtige Weise umsetzen.³⁹

Während der Dreharbeiten in Volterra zu VAGHE STELLE DELL'ORSA... im Spätsommer 1964 lernte Visconti den erst zwanzig Jahre jungen Österreicher Helmut Steinberger kennen, der als Helmut Berger sein Star werden sollte: Martin von Essenbeck in LA CADUTA DEGLI DEI, der Bayernkönig Ludwig II. in LUDWIG und der aus Deutschland kommende ehemalige Aktivist der Studentenbewegung Konrad Hubel in GRUPPO DI FAMIGLIA IN UN INTERNO. Es kann kein Zufall sein, dass Visconti sich parallel zum Austausch mit Berger intensiver mit der deutschen Geschichte be-

³⁵ Vgl. Françoise Audé: Romy Schneider - eine zärtliche Adoption. In: Kameradschaft - Querelle. Kino zwischen Deutschland und Frankreich, hg. v. Heike Hurst / Heiner Gassen. München 1991, S. 226.

³⁶ Ebd., S. 230.

³⁷ Vgl. Pierre Samson: Le requiem de Visconti. In: Les Temps Modernes, Nr. 237, Febr. 1966, S. 1520-1525; Annette Insdorf: Indelible Shadows - Film and the Holocaust. Cambridge 1989, S. 131 ff.

³⁸ Vgl. Visconti a Volterra. La genesi di „Vaghe stelle dell'orsa...", hg. v. Veronica Pravadelli. Turin 2000, S. 123-215.

³⁹ Vgl. Suzanne Liandrat-Guigues: Aria di tomba. In: Ebd., S. 27-52.

schäftigte als je zuvor. Hinzu kommt: In dem Maße, wie überall im Europa der sechziger Jahre Lügen und Verkrustungen in der Gesellschaft aufbrachen, brutale Gewalt und Krieg als Mittel rechter wie linker Politik virulent wurden und die junge Generation historische Erinnerungsarbeit einforderte, schienen auch die privaten Erinnerungen und aufklärerischen Absichten des Regisseurs in Bezug auf Faschismus und Nazismus an die Oberfläche zu kommen. Der Schauspieler Berger als Spiegelfigur Viscontis wurde offenbar zum Mittler dafür.

LA CADUTA DEGLI DEI (1969)
Helmut Griem, Helmut Berger

So arbeitete Visconti im Sommer 1965 an einem Treatment nach dem Roman *Die Verwirrungen des Zöglings Törleß* (1906), in dem der Autor Robert Musil seine Erfahrungen als Kadett eines k. u. k. österreichischen Internats verarbeitete. „Ich mache den *Törleß*", so Visconti in einem zeitgenössischen Interview, „weil er im Keim jene Grausamkeit und jenen Sadismus enthält, die vielleicht die eigentlichen Quellen des Nazismus in Deutschland waren. Und weil darin ein Milieu und eine Verhaltensweise geschildert wird, die ahnen lassen, was dann in Europa geschehen ist."[40] Für die Rolle des Törleß war Helmut Berger vorgesehen, doch gingen die Verfilmungsrechte in letzter Minute an einen anderen Produzenten. Der deutsche Nachwuchsregisseur Volker Schlöndorff war Visconti zuvorgekommen und konnte so seinen Debütfilm DER JUNGE TÖRLESS (1966) realisieren.

Unmittelbar nach dem Film LO STRANIERO (1967) schrieb die Drehbuchautorin Suso Cecchi d'Amico zusammen mit Visconti an einer neuen Geschichte, angesiedelt im Industriellen-Milieu und inspiriert durch den „Profumo-Skandal", der 1963 in Großbritannien für Aufsehen gesorgt hatte. Der britische Verteidigungsminister John Dennis Profumo trat zurück, nachdem er das Unterhaus über seine Geliebte, das Callgirl Christine Keeler, belogen hatte. Ihm wurde vorgeworfen, über sie mittelbar in einen Spionagefall verwickelt zu sein. Wie Cecchi d'Amico berichtet, nannten sie ihr Projekt „Unser Macbeth", da das Treatment auf der Folie des Shakespeare-Dramas entworfen wurde.[41] Die Dinge veränderten sich, als Viscontis Mitarbeiterin im selben Jahr ein langer Artikel mit zahlreichen Fotos über die Familie Krupp und deren in Schwierigkeiten befindlichen Hüttenwerke in dem Wochenmagazin *L'Europeo* in die Hände fiel. Der Beitrag faszinierte Visconti und weckte bei ihm Erinnerungen an eine deutsche Aristokratie, die er als junger Mann gut kennen gelernt hatte. Ein Versuch, das Macbeth-Projekt in die Zeit des Nationalsozialismus und auf die Geschichte einer einflussreichen deutschen Familie zu übertragen, schlug fehl. Suso Cecchi d'Amico zog sich aus der „cosa tedesca" zurück, dies auch, weil ihr Kenntnisse in deutscher Sprache, Geschichte und Kultur fehlten.[42]

Die Ausarbeitung des Drehbuchs zum Filmprojekt LA CADUTA DEGLI DEI übernahmen Enrico Medioli und Nicola Badalucco. Medioli arbeitete bereits seit ROCCO E I SUOI FRATELLI (1960) mit Visconti zusammen. Mit Badalucco trat ein Kenner der deutschen Geschichte, der Werke Thomas Manns und der Shakespeare'schen Dramen hinzu. Von ihm stammt die Idee, die deutsche Industriellengeschichte an den

[40] Lietta Tornabuoni: Circe sul Canal Grande (=Interview mit Luchino Visconti). In: L'Espresso, Nr. 23, 6.6.1965, S. 13. (Übers. d. Verf.)

[41] Vgl. Suso Cecchi d'Amico / Luchino Visconti: Macbeth 1967 (trattamento). In: Bianco & Nero, Jg. 37, H. 9/12, S. 53–72.

[42] Vgl. Suso Cecchi d'Amico: Notre Macbeth. In: L'Avant-Scène Cinéma, Nr. 501, Apr. 2001 („Les Damnés". Un film de Luchino Visconti), S. 125; dies.: Magari un giorno si faranno. In: Scrivere il cinema – Suso Cecchi d'Amico, hg. v. Orio Caldiron / Matilde Hochkofler. Bari 1988, S. 72.

Beginn der Nazizeit zu stellen, zwischen den Reichstagsbrand im Februar 1933 und die „Nacht der langen Messer" im Juni 1934.[43] Die Figur des SS-Hauptsturmführers Aschenbach trat in der Macbeth-Konstellation an die Stelle der Hexen, inspiriert ist sie auch durch Thomas Manns *Doktor Faustus*. Um den Hintergrund dieser Konstruktion zu erläutern, hat Badalucco auf den letzten Abschnitt des Romans über das „Leben des deutschen Tonsetzers" verwiesen, in dem seiner Meinung nach die Essenz des Nationalsozialismus enthalten sei. „Deutschland, die Wangen hektisch gerötet, taumelte dazumal auf der Höhe wüster Triumphe, im Begriffe, die Welt zu gewinnen kraft des einen Vertrages, den es zu halten gesonnen war, und den es mit seinem Blute gezeichnet hatte. Heute stürzt es, von Dämonen umschlungen, über einem Auge die Hand und mit dem andern ins Grauen starrend, hinab von Verzweiflung zu Verzweiflung. Wann wird es des Schlundes Grund erreichen?"[44] Der Kunstgriff der Drehbuchautoren bestand also darin, das Wissen um das abgründige Ende des „Dritten Reiches" bereits an dessen Beginn aufscheinen zu lassen.

In einem Interview mit der Filmjournalistin Lietta Tornabuoni während der Montage überraschte Visconti mit dem Eingeständnis, dass der Nationalsozialismus ihn immer fasziniert habe und er ihn mit diesem Film verstehen wolle: „Der Nazismus übt auf mich jene Art von Terror und geheimnisvoller Anziehung aus, die der Henker stets auf sein Opfer ausübt."[45] Es ist dieser ambivalenten Haltung zu verdanken, dass mit LA CADUTA DEGLI DEI einer der ersten Filme entstand, der diese perverse Faszinationskraft des Nationalsozialismus zu enthüllen versuchte.

Visconti kehrte so zu seinem Generalthema zurück: dem tragischen Verfall einer Familie – jetzt aber vor dem Hintergrund einer noch größeren Tragödie: dem Verfall einer ganzen Gesellschaft, die vom Nationalsozialismus überwältigt wird. „Ich habe diesen Film aus einer Perspektive gemacht, die keinen Zweifel darüber aufkommen lässt, was die Ursachen und das Wesen des Nazismus sind; doch damit nicht genug. Gleichzeitig habe ich versucht, eine spezifische Angst zu bezeugen, die typisch gewesen ist für Menschen dieser Generation."[46] Aufschlussreich ist die durchgehend angstvoll-beklemmende Atmosphäre daher nicht nur für das Verständnis des Films, sondern auch für das der Nazizeit selbst, deren tödliche Gewalt im Widerschein des Feuers (Hochöfen, Reichstagsbrand, Bücherverbrennung) und in den vorwärts stürmenden, schwarz uniformierten SS-Mannschaften (Stürmung von Schloss Kleistburg, Fest der SA) ihren stärksten bildhaften Ausdruck findet. Visconti zeigt diese Angst besonders deutlich an der Figur der Elisabeth Thallmann (Charlotte Rampling), die, wie man später im Film aus dem Mund ihres Mannes Herbert Thallmann (Umberto Orsini) erfahren wird, ins Konzentrationslager Dachau deportiert und dort ermordet wurde. Geradezu unheimlich ist hier jene Szene, als Dirk Bogarde in der Rolle des Friedrich Bruckmann plötzlich bei der Nachricht vom Reichstagsbrand in Charlotte Ramplings Augen einen Blick voller Schrecken und böser Ahnung registrierte: „Das ganze Grauen lag in diesem Blick: Die ganze Angst einer Frau, die instinktiv begriff, daß ihre Familie verloren war, kam darin zum Ausdruck."[47]

Es war ein lang gehegter Wunsch Viscontis gewesen, nach dem Ballettdrama *Mario und der Zauberer* eines Tages Thomas Manns Novelle *Der Tod in Venedig* (1912) ins Medium des Films übertragen zu können; erst der internationale Erfolg aber von LA CADUTA DEGLI DEI ließ dieses Vorhaben in greifbare Nähe rücken. Jetzt sollte MORTE A VENEZIA (1971) „ein Werk der Reife" werden.[48] Die Drehbuchautoren Badalucco und Visconti haben oft betont, dass die Novelle den Handlungsverlauf des Films praktisch vorgab, wobei die Verwandlung des Schriftstellers Gustav von Aschenbach in einen Komponisten und Musiker den größten (und oft kritisierten) Eingriff darstellte. Wie der jüngste Sohn von Thomas Mann, der Musiker und Germanist Michael Mann (1919–1977) in einem *Offenen Brief* an Luchino Visconti feststellte, war hier ein wunderbar anmutendes *„künstlerisches Bündnis"* entstanden, „mehr denn bloße Trans-

---

Industrie und Nationalsozialismus im deutschen Film

DER HERRSCHER (1937, Veit Harlan)
AM SEIDENEN FADEN (1938, Robert Adolf Stemmle)
DER RAT DER GÖTTER (1950, Kurt Maetzig)
DER REST IST SCHWEIGEN (1959, Helmut Käutner)
VÄTER UND SÖHNE (1986, Bernhard Sinkel)

---

[43] Vgl. Nicola Badalucco: Il trattamento. In: „La caduta degli dei" (Götterdämmerung) di Luchino Visconti, hg. v. Stefano Roncoroni. Bologna 1969, S. 37–65.

[44] Vgl. Nicola Badalucco: Au cinéma, c'est mieux de confier aux images le fil du récit. In: L'Avant-Scène Cinéma, Nr. 501, Apr. 2001, S. 132–135; Stefano Roncoroni: Visconti dal Macbeth al Götterdämmerung. In: Bianco & Nero, H.1/4, Jan./Apr. 1970, S. 144–157.

[45] Lietta Tornabuoni: Una famiglia di mostri vista da Visconti (= Interview mit Luchino Visconti). In: L'Europeo, 10.4.1969, S. 64. (Übers. d. Verf.)

[46] Luchino Visconti: L'angoscia del passato e il presente. In: Cinema Nuovo, Nr. 201, Sept./Okt. 1969, S. 334 f. (Übers. d. Verf.)

[47] Dirk Bogarde: Der Blick. In: Charlotte Rampling – „With Compliments". München 1986, S. 11.

[48] Daniela Pasti: Luchino Visconti parla del suo ultimo Film: „Morte a Venezia" (= Interview mit Luchino Visconti). In: Il Mondo, 14.3.1971, S. 33.

Ludwig II. im Spielfilm

LUDWIG DER ZWEITE, KÖNIG VON
BAYERN (1920, Rudolf Raffé)
LUDWIG DER ZWEITE, KÖNIG VON
BAYERN – DIE TRAGÖDIE EINES
UNGLÜCKLICHEN MENSCHEN
(1930, Wilhelm Dieterle)
LUDWIG II. – GLANZ UND ELEND
EINES KÖNIGS
(1954, Helmut Käutner)
LUDWIG – REQUIEM FÜR EINEN
JUNGFRÄULICHEN KÖNIG
(1972, Hans Jürgen Syberberg)
LUDWIG (1973, Luchino Visconti)
LUDWIG 1881
(1993, Donatello und Fosco Dubini)

position von einem Medium ins andere, als legitime Ergänzung der Erzählung, die Pantomime zum Gedicht, die Melodie zum Wort".[49]

Im zweiten Teil der „deutschen Trilogie", in MORTE A VENEZIA, ist der Bezug zu Deutschland weniger deutlich. Der Schauplatz Venedig im Jahre 1911 versetzt den Zuschauer in das kosmopolitische Ambiente der Belle Époque mit dem allein reisenden deutschen Komponisten als beobachtendem Zaungast. Wie Thomas Mann im internationalen Sanatorium „Berghof" in Davos *(Der Zauberberg),* so versammelt Visconti im Grand Hôtel des Bains am Lido die ganze europäische Gesellschaft, die in ihrem Sprachengewirr nach und nach unterminiert wird von Zeichen der Krise und der tödlichen Auflösung: der grassierenden Choleraepidemie, dem bösen Spottgesang einer Bänkelsängergruppe und dem russischen Wiegenlied von Modest Mussorgskij. Gesungen von Masha Predit, die eine vornehme Russin darstellt, wirkt das Lied wie eine Totenklage sowohl für den sterbenden Aschenbach als auch für die inzwischen abgereiste Hotelgesellschaft.

Mit MORTE A VENEZIA entfernt sich Visconti auf den ersten Blick aus dem Bannkreis seines vorhergehenden Films. Und doch erscheint in diesem Drama über das Verhältnis von sittenstrenger Haltung und sinnlicher Auflösung die ganze zuvor am Nazismus indizierte Gewalt gleichsam nach innen gekehrt, wie im Keim bereits vorhanden. Dass Gustav von Aschenbach den Tod bewusst sucht und akzeptiert, ist schon Ausdruck jenes Willens zum Untergang, wie er in LA CADUTA DEGLI DEI gesellschaftliche Gestalt annimmt. Es ist kein Zufall, dass der SS-Mann und Cousin der Essenbecks aus LA CADUTA DEGLI DEI denselben Namen Aschenbach trägt; ein Name, der das Bild des Todes bereits in sich trägt. Aus diesem Grund hat Visconti seinen Film MORTE A VENEZIA wie auch die Novelle als Geschichte einer Zerstörung bezeichnet: „Es ist die Suche nach Perfektion aufseiten des Künstlers, deren symbolische Bedeutung darin liegt, dass absolute Schönheit nur im und durch den Tod erreicht werden kann."[50] Es scheint paradox zu sein: Gerade weil Geschichte in MORTE A VENEZIA wie abwesend ist – nur zu Beginn sind einmal kurz militärische Trompetensignale zu hören und „bersaglieri", Scharfschützen, im Laufschritt zu sehen –, ist sie doch wie kristallisiert und präsent in der Figur eines deutschen Leistungsethikers, der sich nach Venedig verirrt hat. Dirk Bogarde spielt mit großer Intensität einen verklemmten, sich beständig disziplinierenden älteren Herrn, der angesichts eines jungen hübschen Knaben aus der Fassung gerät. Stärker und sinnlicher als in der Novelle beschrieben, betont Visconti im Spiel der Blicke und Andeutungen ein homosexuelles Begehren, das alle Grenzen überschreiten möchte und doch im Gefängnis des puren Voyeurismus stecken bleibt. Auch hier also Versagung und Todeswunsch.

Für das Verständnis der „deutschen Trilogie" und ihres inneren Zusammenhangs ist es wichtig zu wissen, dass die Idee zu LUDWIG (1973) mindestens bis in das Jahr 1967 zurückreicht, als Visconti bei der Suche nach Drehorten für LA CADUTA DEGLI DEI durch Deutschland reiste und zum ersten Mal die Schlösser des Bayernkönigs Ludwigs II. sah: Hohenschwangau, Neuschwanstein, Linderhof und Herrenchiemsee. Wie Enrico Medioli als Mitreisender berichtet, waren damals alle beeindruckt von der schaurig-erhabenen Schönheit der verschiedenen Orte und fast hätte man das ganze LA CADUTA DEGLI DEI-Projekt verändert. Dies geschah nicht, aber der Keim für den Film LUDWIG war gelegt.[51] Visconti erzählte 1972 in einem Interview, die Ludwig-Idee sei lange vor LA CADUTA DEGLI DEI entstanden, gab jedoch weder einen näheren Zeitpunkt noch genauere Quellen an. „Ludwig ist eine ebenso außergewöhnliche wie faszinierende Persönlichkeit. Ein Autor sucht stets danach, die Geschichte einer Person zu erzählen, die nicht der Norm entspricht. Wenn man Ludwigs Lebensweg verfolgt, entdeckt man wichtige Aspekte der ökonomischen, politischen und sozialen Situation Europas jener Zeit. Zum Beispiel die Kriege von 1866 und 1870,

[49] Michael Mann: Der verfilmte Tod in Venedig. Offener Brief an Luchino Visconti. In: Süddeutsche Zeitung, 20./21. 11. 1971.
[50] Vgl. Pasti (1971).
[51] Vgl. Enrico Medioli: Les Damnés n'a pas été écrit avec de l'eau. In: L'Avant-Scène Cinéma, Nr. 501, Apr. 2001, S. 130.

als Bayern als eigenständiger Staat verschwindet und das Deutsche Reich mit Bismarcks Machtfülle entsteht. Der große Verlierer ist Ludwig."⁵²

Viscontis Perspektive auf den Bayernkönig kommt jener Sichtweise nahe, wie sie Thomas Mann in seinem Roman *Doktor Faustus* (1947) entwickelt hat. Dort kommt es im vierzigsten Kapitel zu einer Kontroverse zwischen Rudi Schwerdtfeger und dem Ich-Erzähler Serenus Zeitblom „über den sogenannten Wahnsinn, die Regierungsunfähigkeit, die Entthronung und Entmündigung Ludwigs", die Zeitblom „für ungerechtfertigt und für eine brutale Philisterei, wie übrigens auch für ein Werk der Politik und des sukzessorischen Interesses" erklärt. Während Schwerdtfeger „ganz bei der nicht sowohl volkstümlichen als bourgeoisen und offiziell gegebenen Auffassung" steht, dass der König „knallverrückt" gewesen und „seine Überhändigung an die Psychiater und Irrenwärter, die Einsetzung einer geistig gesunden Regentschaft eine unbedingte Notwendigkeit für das Land gewesen sei", liegen Zeitbloms Sympathien (und damit die des Autors) ganz bei „dem zweifellos aus der Norm Fallenden" und dessen berechtigter „Menschenflucht".

Vor allem im Anfangsstadium des LUDWIG-Projekts hat aber Klaus Manns Erzählung *Vergittertes Fenster* eine entscheidende Rolle gespielt, die seit 1962 in italienischer Übersetzung vorlag. Wie schon in MORTE A VENEZIA konzentriert sich Visconti in LUDWIG ganz auf die Psyche einer Figur, mit dem Unterschied, dass es sich jetzt um eine reale Person aus der deutschen Geschichte handelt. Aus den unterschiedlichen Perspektiven der ihn umgebenden Menschen, der Diener, Grafen und Minister, entwirft Visconti ein vielschichtiges Porträt des ebenso exzentrischen wie tragischen Bayernkönigs. Mit Ludwig nahm der Fall der Götter seinen Anfang: in der romantischen Flucht in die Musik Richard Wagners, im Bau von Fantasieschlössern und im Ausleben absolutistischer Machtvorstellungen; eine durchaus unpolitische Haltung, in der die reale Umwelt und die realen Machtverhältnisse aus dem Blickfeld geraten. Gleichwohl zeichne Visconti, so Pietro Bianchi, ein sympathisches Porträt des Bayernkönigs, weil dieser alles das verkörpere, was Nazismus und Nationalismus nicht besitzen: die Fähigkeit zum Träumen, Großzügigkeit, Toleranz und eine partikularistische Haltung, die auf Krieg als Mittel der Politik verzichtet. Seit Bismarck und Ludwig gebe es zweierlei Deutschland.⁵³

Auffälliger noch als in den beiden anderen Filmen der „deutschen Trilogie" ist die Geschichte hier nicht unmittelbar gegenwärtig, dafür umso stärker elliptisch präsent, „hors champ", wie Gilles Deleuze in seiner Studie *Das Zeit-Bild* schreibt. Vielleicht aber kommt uns die deutsche Geschichte auf diese Weise näher, als wir bislang wahrgenommen haben. „In LUDWIG sieht man wenig von der Geschichte, nur indirekt erfährt man von den Greueln des Krieges und von der Machtergreifung Preußens, und dieser Zug verstärkt sich um so mehr, als Ludwig all dies ignorieren will: die Geschichte dröhnt vor der Tür."⁵⁴

Luchino Viscontis Begegnungen mit Deutschland – das waren die früh einsetzenden und im Lauf der Jahre immer stärker werdenden Bemühungen des Regisseurs, das für ihn rätselhafte Land zu verstehen. Eine Kultur, die ihn stets faszinierte, deren politische Umbrüche aber Irritation und Angst hinterlassen haben. Mit seinen Filmen wollte Visconti erkunden, was er an sich selbst als beunruhigende Faszination wahrgenommen hatte. Genau darin aber liegt die produktive Funktion: zu verstehen, warum Deutschland den Weg nahm von der Romantik zur Barbarei.

⁵² Liliana Madeo: Visconti: il mio diritto al passato. Incontro sul set, mentre si sta ultimando il film "Ludwig" (=Interview mit Luchino Visconti). In: La stampa, 21.6.1972, S. 7. (Übers. d. Verf.)
⁵³ Vgl. Bianchi (1973), S. 25 f.
⁵⁴ Gilles Deleuze: Das Zeit-Bild. Kino 2. Frankfurt am Main 1991, S. 129.

Nicola Badalucco

Im Gespräch mit
Elio Testoni und
Marina Marcellini

Über LA CADUTA DEGLI DEI
und MORTE A VENEZIA

Viscontis Arbeit mit den Drehbuchautoren

Testoni/Marcellini: Mit vierzig Jahren und nach einer glänzenden Laufbahn als Journalist haben Sie 1969 mit LA CADUTA DEGLI DEI Ihre Karriere als Drehbuchautor begonnen. Was hat Sie inspiriert?

Badalucco: Die Idee entstand aus Viscontis Bedürfnis, eine Geschichte über die Gewalttätigkeit und den Untergang einer gesellschaftlichen Klasse auf die Leinwand zu bringen, auf dem Grundmuster von Shakespeares *Macbeth*. Als mir Pietro Notarianni vorschlug, bei dieser Unternehmung mitzuwirken, fühlte ich mich gleich zu Hause, da ich jene historische Periode studiert und Essays über Visconti geschrieben hatte. Ich kannte seine Art, sich Problemen der Welt über den Mikrokosmos Familie zu nähern. Das Treatment gefiel Visconti sofort. Das Gefühl des Films war da, die Figuren von Friedrich, Sophie und Martin lebten schon. Die Arbeit am eigentlichen Drehbuch begann. Es gab kontinuierliche Zusammenkünfte in Viscontis Haus, wir kamen Schritt für Schritt voran. Manchmal endete es damit, dass wir zerstörten, was wir am Vortag gebaut hatten, aber es gab keine großen Hindernisse. Zwischen Oktober '67 und Februar '68 hatten Enrico Medioli und ich die erste Fassung des Drehbuchs geschrieben. Dann machte Visconti seine Anmerkungen, besetzte die Schauspieler und anschließend schrieben wir die zweite und endgültige Fassung. Wegen der übermäßigen Länge wurden nach und nach Kürzungen vorgenommen, aber man kann sagen, dass es von den Ideen bis zu den Ergebnissen immer einen kohärenten und stetigen Fortschritt in der Entwicklung des Drehbuchs gab.

Testoni/Marcellini: Wo lagen die Unterschiede zwischen Ihrem ersten Treatment und dem endgültigen Drehbuch?

Badalucco: Der feste Rahmen war folgender: Es begann mit dem Reichstagsbrand und endete mit der „Nacht der langen Messer". Dazwischen lag der Blick auf eine ganze Epoche, gesehen durch Shakespeare'sche Mechanismen. Das war mein Empfinden dem Film gegenüber. Dann haben wir zusammen ein Treatment geschrieben, das zu siebzig Prozent der Film wurde. Indem wir diesen Weg verfolgten, verschwanden Figuren und andere führten sich ein. Am Ende sind alle Figuren aus *Macbeth* anwesend. Aber eine von ihnen, Martin, ist zum Gegenteil der Shakespeare-Figur geworden, nicht mehr Rächer, sondern Selbstzerstörer. Nachdem er die Mutter und Friedrich zur Hochzeit getrieben und sie vergiftet hat, grüßt er sie mit dem Nazigruß, eine Geste, die Luchino in aller Stärke berechtigterweise am Schluss des Films haben wollte. Zwischen der ersten und der zweiten Drehbuchfassung gibt es nur geringe Differenzen, Überarbeitungen, Arrangements. Ich erinnere mich, dass Visconti manches Mal, wenn ich die zwei, drei neuen Szenen mitbrachte, die wir am Abend zuvor geschrieben hatten und von denen ich annahm, eine gute Überarbeitung gemacht zu haben, zu mir sagte: „Wollen wir diese Szene zusammen sprechen?" Als wir laut zu lesen begannen, stellte ich fest, dass sie nicht funktionierte. „Da siehst du es", sagte Visconti, „bist du jetzt klüger?" Ich fragte ihn: „Wie soll ich es denn machen?" „Mach die Szene gut und du wirst sehen, dass sie aufgeht." Er versetzte mir einen Schlag auf den Rücken und sagte: „Wir sehen uns morgen." Das war die beste Methode. Als wenn er ausdrücken wollte: ‚Wir stimmen überein, das war keine schlechte Sache, dich mit mir an die Arbeit zu machen. Jetzt finde selbst den Weg.' Eine meisterliche Anweisung und gleichzeitig eine große Herausforderung, da sie mich antrieb, die Verantwortung zu übernehmen. Ich hätte nicht mein Bestes geben können, wenn

Visconti gesagt hätte: ‚Geh nach Haus, das überarbeite ich.' Das wäre eine Demütigung gewesen, ohne jeden Anreiz.

Testoni/Marcellini: Habt ihr euch während der Arbeit am Drehbuch nie festgebissen?

Badalucco: Doch, ich erinnere mich, dass wir eine Woche oder länger am Tod des alten Joachim festsaßen. Wir versuchten vorwärts zu kommen, fanden aber nicht den richtigen Weg. Dann dachten wir, dass man nach Joachims Tod und Beerdigung aus dem Privaten heraustreten und in die Historie eintauchen müsste. Daher verließen wir den Rahmen der Familie, begaben uns in die Essenbeck'schen Stahlwerke und erzählten von der politisch-ökonomischen Wende, die die deutsche Großindustrie vollzog, die sich dem Nationalsozialismus mit der Absicht in den Dienst stellte, ihn für ihre Zwecke zu benutzen. Tatsächlich jedoch wurde sie von ihm erdrückt. Als dann die große Krise ausbrach, die zur „Endlösung" im Inneren der Familie von Essenbeck führte, gab es die glänzende Idee für den Inzest. Er war nicht vorausgeplant. Martins Hassliebe, Leidenschaft und Abscheu für die Mutter, die ihn gemeinsam mit Friedrich verraten und seiner Macht beraubt hatte, die er sich dann mit Hilfe des Nazismus wieder aneignen konnte, finden ihr tragisches Ende im Inzest. Das gab dem Film eine außerordentliche psychologische Wendung und wurde zu seinem Charakteristikum.

Luchino Visconti bei den Dreharbeiten zu
LA CADUTA DEGLI DEI, 1968

Testoni/Marcellini: Gab es Schwierigkeiten mit der Produktion?

Badalucco: Es gab große Schwierigkeiten, denn wir starteten mit der Finanzierung durch den Italnoleggio, deren Präsident Mario Gallo war, aber nach kurzer Zeit wurde deutlich, dass es nicht ausreichen würde. Der Film war dabei zu sterben. Gedreht waren „Die Nacht der langen Messer" und andere Szenen bis zum Begräbnis von Joachim. Also haben Notarianni und ich, ohne Viscontis Wissen, gemeinsam mit einer Cutterin eine Vormontage hergestellt. Das war ziemlich einfach, da Visconti den Film tatsächlich in dem Moment, in dem er drehte, vormontierte, keine endgültige Montage, aber man näherte sich an. Wir haben die Aufnahmen zu Robert Agiati und Alfred Levy gebracht, die ihrerseits mit dem Präsidenten der Warner Bros. in Rom Kontakt aufnahmen, und innerhalb von 24 Stunden hatten wir die Zusage. Der Italnoleggio verzichtete auf den Weltmarkt und behielt nur Italien. Warner Bros. machte eines der größten Geschäfte ihrer Geschichte. Der Film lief weltweit und war in den Vereinigten Staaten wochenlang ein Kassenschlager. In Englisch gedreht, nicht synchronisiert, stand er auf einer Stufe mit den amerikanischen Filmen.

Testoni/Marcellini: Wie kommt die Besonderheit des Drehbuchs zum Ausdruck, wie das Verhältnis zwischen Drehbuch und literarischer Quelle?

Badalucco: Das Theater äußert sich in allem über das Wort, während das Kino Erzählung und Darstellung zugleich ist. Visconti sagte mir am Anfang: „Wenn die Personen Wichtiges zu sagen haben, lass sie alles sagen, haben sie nichts Wichtiges zu sagen, lass sie schweigen." Das ist Kino. Ansonsten verwendete Visconti die Struktur des Melodramas, was ich dann lieb gewonnen habe. Die Konstruktion von MORTE A VENEZIA ist melodramatisch. In LA CADUTA DEGLI DEI hat Luchino die Duette, das Trio, den mehrstimmigen Gesang zusammengefügt. Die „Nacht der langen Messer" übernahm die Rolle eines großen chorischen und orchestralen Intermezzos, wo hinein sich auch das persönliche Erlebnis fügte, das weder Erklärungen noch Untertitel benötigte. Die große Ausdruckskraft dieses Films ist das Melodrama. Visconti liebte Mann, Shakespeare, Verdi, er liebte das Melodrama – all diese Leidenschaften in einem einzigen Film zusammenzubringen, war das Höchste für ihn.

Luchino Visconti bei den Dreharbeiten zu LA CADUTA DEGLI DEI am Attersee, 1968

Testoni/Marcellini: In einem Brief an Visconti meinte der Filmkritiker Guido Aristarco, dass die Figur des Herbert im Vergleich zu den anderen großen tragischen Figuren in seinen historischen Ansprüchen zu schwach wäre.

Badalucco: Tatsächlich gab es im Drehbuch noch andere Szenen, die Herbert und seiner Familie gewidmet waren, dann aber mit Blick auf die Länge des Films gestrichen wurden. Ansonsten wurde die größte Aufmerksamkeit auf die Zersetzung gerichtet, auf den zunehmenden Zerfall der Familie. Auch Günther, der Sohn von Konstantin, ist aus Gründen der Länge zurückgenommen worden. Der Film konzentriert sich auf die Szenen des Familientheaters, er entwickelt sich im Inneren des Palais der Essenbecks, also unterliegen die Abenteuer derjenigen, die sich außerhalb des Gebäudes befinden, wie Herbert, Elisabeth und Günther, notwendigerweise den Kürzungen. Der einzige Gang nach draußen ist die „Nacht der langen Messer".

Testoni/Marcellini: Hinsichtlich der Protestbewegung der Jugend und der Arbeiterkämpfe Ende der sechziger Jahre, der neuen politischen Konfliktlage, der sozioökonomischen und kulturellen Veränderungen, wurde – auch in Bezug auf LA CADUTA DEGLI DEI – beklagt, dass Visconti politisch nicht in Erscheinung trete, sich nicht engagiere.

Badalucco: Visconti war sehr neugierig, was die neuen Ereignisse betraf. In seiner Neugier bewahrte er sich aber auch eine gewisse Distanz, was von seiner Erziehung herrührte, seiner Geschichte, seinem Sein, seiner Zustimmung zu den großen Neuerungen der Welt im Sinne des Fortschritts. Er blieb seinem ideellen und kulturellen Muster stark verhaftet. Ich würde nicht von einer Distanz Viscontis zu jenen Ereignissen sprechen, sondern eher von einer distanzierten Teilnahme, das ist etwas anderes. Denn jene Themen waren Teil der täglichen Gespräche.

Testoni/Marcellini: Wie wurde LA CADUTA DEGLI DEI in Deutschland aufgenommen?

Badalucco: LA CADUTA DEGLI DEI hatte einen schwierigen Stand, denn Deutschland war damals nicht bereit, über sich selbst zu sprechen. Heute ist das anders. Aus dem Drehbuch von LA CADUTA DEGLI DEI entstand ein Theaterstück, das 2002 in Salzburg zu sehen war. Es hatte Erfolg und wurde wiederholt. Eine andere Bearbeitung wurde vom Theater Oldenburg hergestellt und ging in Deutschland auf Tournee. Jetzt haben Medioli, die Visconti-Erben und ich einen Vertrag mit dem Deutschen Schauspielhaus Hamburg unterschrieben, das eine Theaterfassung des Films vorbereitet, die in ganz Deutschland gezeigt werden soll. Wenn also die heutigen Generationen etwas erfahren wollen, wenn sie diesen Film, der damals in Deutschland keine Zuschauer fand, durch andere Formen wieder aufnehmen, so wird es einen Grund dafür geben.

Testoni/Marcellini: Wie wurde MORTE A VENEZIA in Deutschland aufgenommen?

Badalucco: Gut, sehr gut.

Testoni/Marcellini: Und wie kam es zu dieser zweiten Zusammenarbeit mit Visconti?

Badalucco: Visconti kam gut mit mir aus und hatte seit langer Zeit vor, MORTE A VENEZIA zu machen, was jedoch vonseiten der Produzenten und der Verleiher als völlig unergiebig betrachtet wurde. Aber da war der Erfolg von LA CADUTA DEGLI DEI in den Vereinigten Staaten. In diesem Moment hatte die Warner Bros. die Verpflichtung, in die Unternehmung MORTE A VENEZIA einzusteigen. In Italien kam keine Finanzierung zustande. Ich und ein amerikanischer Produzent, Bob Edwards, traten als Botschafter bei der Warner Bros. auf, die Ja sagte, ohne Bedingungen, außer der Garantie, dass Visconti selbst mit seinem Privatvermögen haften solle. Visconti wurde also sein eigener Produzent, nur um diesen Film so machen zu können, wie er es wollte. Als ausführenden Produzenten in Italien benannte er Mario Gallo. So entstand der Film und in ihm gab es keine Verschwendungen, obwohl er reich und prächtig ist. Diesmal beschränkte sich Visconti, ohne dass der Film eine Verarmung in Kostümen, Ausstattung oder in der Auswahl der Schauspieler erfahren hätte. Im Gegenteil. Der Film wurde mit einer Ersparnis von 50 bis 60 000 Dollar zu Ende gebracht.

Testoni/Marcellini: Wie waren während des Schreibens die Aufgaben zwischen Ihnen und Visconti verteilt?

Badalucco: Visconti besaß eine außergewöhnliche schöpferische Präsenz und übernahm einen großen Teil der Arbeit während der gesamten Phase der Vorbereitungen. Die Suche nach einer Entscheidung für den Umriss nahm weitaus mehr Zeit in Anspruch als die klare und einfache Ausarbeitung des Drehbuchs. Als Luchino sagte: „Ich suche einen Schauspieler für Tadzio, du schreibst das Drehbuch", wusste er schon genau, was ich schreiben würde. Das stand alles schon fest.

Testoni/Marcellini: Welche tragenden Handlungslinien gab es in der Vorphase des Drehbuchs?

Badalucco: Wir gingen von Thomas Manns Buch aus, in dem die Hauptfigur Gustav von Aschenbach ein Schriftsteller ist, der große Einzelne. Hier wird das zentrale Problem literarisch gelöst, die Beziehung zwischen Kunst und Leben, zwischen der Reinheit der Kunst und dem Umgang mit der Realität, die Vorstellung vom Künstler als Träger einer Krankheit, die sich durch das gesamte Werk von Thomas Mann zieht,

---

Michael Mann

Der verfilmte Tod in Venedig

Offener Brief an Luchino Visconti

(…) Der Künstler Aschenbach auf der Leinwand ist von Anfang an ein Gebrochener – oder richtiger: ein neurotischer Sonderling, der dann traurig umkommt. Was ihm fehlt, ist die Schopenhauersche „Fallhöhe" des Originals oder (im herkömmlicheren Sprachgebrauch) dessen Tragik. Dieser Kauz und Eigenbrödler, der nicht einmal seine Post recht liest, und den alles um ihn her offenbar enerviert – warum hat er sich überhaupt in das Hotel des Bains verirrt? Und was repräsentiert er? Wir erfahren es aus den hitzigen Debatten mit dem Freunde, den *back flashes*, in welche Sie den Brunnen-Monolog der Erzählung so kunstvoll auflösten: er repräsentiert sich, sich ganz allein. Ein Fremdling, bewegt er sich in einem Raum, in dem sich zu bewegen ihm kaum noch möglich scheint (man beachte Bogardes behinderten Gang – für mich fast der großartigste Kunstgriff in dieser Charaktergestaltung!) und verteilt Trinkgelder mit einer Miene die besagt, daß er mit all dem nichts zu tun hat. Das völlig isolierte, ganz auf sich gestellte Individuum – das wäre die Endsituation des „Genies" – ein Schlußstadium, in dem das Genie aufhört, produktiv zu sein. Ich glaube Ihrem Aschenbach sein Werk nicht! Ein Werk entsteht nicht und entstand nie in einem gesellschaftlichen Vakuum. Gewiß nicht das Werk Mahlers oder T.M.s. Gewiß, übrigens, auch nicht das Ihrige. Dieser Film, gleich Ihren früheren, wurde aus einer passioniert sozialkritischen Sicht geschaffen. Die milde Ironisierung der hohlen Hotelgesellschaft in der Novelle verschärft sich bei Ihnen zur grotesken Karikatur. Dem entspricht die verschärfte Situation des Künstlers: der Aschenbach von 1906 durfte mit Fug sein Adelsdiplom annehmen, der Aschenbach der Leinwand hätte es, ähnlich wie Sartre den Nobelpreis, eigentlich ablehnen müssen. Aber, Außenseiter bis zum Skurrilen, besitzt Ihr Aschenbach offenbar nicht die menschliche Dynamik und Konsequenz zu jenem gesellschaftlichen Antagonismus, in den der echte Künstler von 1971 sich gedrängt sieht.

So lebt er zwischen den Zeiten, ein Unbehauster zweier Welten, Synthese des Künstlers von heute und dazumal. Vielleicht gründet eben darin seine Faszination und besteht gerade darin das große Kunststück Ihres Films: und auch hiermit, daß in dieser *präsentistischen Geschichtsklitterung* das Unmögliche von Ihnen möglich gemacht wurde, trifft sich ja Ihr Artistentum mit dem des Autors der Novelle „Der Tod in Venedig"!

SZ vom 20./21. 11. 1971

bis hin zum *Doktor Faustus*. Die Verwandlung des Schriftstellers in einen Musiker war keine Notlösung, sie war im Gegenteil ein Vertrauensbeweis gegenüber Thomas Mann, denn Mann schrieb über den Schriftsteller Aschenbach, dachte aber an den Musiker Mahler. Darüber gab es auch Zeugnisse der Tochter Erika Mann. Thomas Mann hatte Mahler, den er für den größten Künstler seiner Zeit hielt, 1910 kennen gelernt und er blieb von ihm fasziniert. In der Figur des Aschenbach ließ er die inneren Probleme von Mahler aufleben, er schrieb ihm auch den Vornamen zu, Gustav, und das Aussehen – es reicht, den Buchumschlag der Erstveröffentlichung zu betrachten. Aber aus Behutsamkeit und Respekt machte Thomas Mann der Form nach einen Schriftsteller aus ihm.

Der Weg vom Schriftsteller zum Musiker war für Visconti also eine natürliche Sache, die es ihm auch erlaubte, das Adagietto aus Mahlers 5. Sinfonie zu verwenden, das die Italiener nicht kannten. Die Verbreitung und der Erfolg dieser Musik waren überwältigend. Aber obwohl er Aschenbach in einen Musiker verwandelt hatte, vermochte es Visconti, die Linie von Thomas Mann zu respektieren, die das Verhältnis zwischen der Kunst und dem Leben, zwischen dem Künstler und der Welt befragt. Er endete im *Doktor Faustus* mit der Figur des Adrian Leverkühn, und Visconti nahm Leverkühn zum Modell für Aschenbach. So trat Aschenbach nach und nach an Mahlers Stelle. Auch Mahler hatte eine Frau und eine Tochter gehabt, die an Hirnhautentzündung gestorben waren. Aschenbachs Qualen beim Anblick von Tadzio, der die Schönheit jenseits jeder künstlerischen Vorstellung verkörpert, trieben ihn in eine tiefe existenzielle Krise. Aber der große Dialog mit sich selbst über die ästhetischen Anschauungen oder die Ethik der Kunst musste sich musikalischer Argumente bedienen, um entwickelt werden zu können. So wurde die Figur des Alfried geboren, die im Roman nicht auftaucht, in Viscontis Ansatz aber die Projektion von Aschenbach selbst ist. Im Film, der zwei Stunden und zwanzig Minuten lang ist, gibt es kaum zwanzig Seiten Dialog, und die Dialoge betreffen ausschließlich die ethisch-ästhetische Diskussion. Ein Satz von August von Platen leitete uns: „Wer die Schönheit geschaut mit Augen, / Ist dem Tod schon anheimgegeben." Das ist der Film, von der ersten Aufnahme an, in der sich das wackelige Boot mit dem körperlich und in seinem Schaffen heruntergekommenen Aschenbach Venedig nähert. Das Boot trägt den Namen „Esmeralda". Es ist der Name der Prostituierten, die Aschenbach – wie später in einer Rückblende zu sehen – als junger Mann einmal aufsuchte, während sie auf dem Klavier das Thema aus „Für Elise" anspielte. Augenblicke zuvor – in der filmischen Gegenwart – hat auch Tadzio es gespielt. Die Beziehung zwischen der Reinheit und der Verderbtheit von Körper und Seele, zwischen dem Sinn des Lebens und dem des künstlerischen Werks entsteht durch diesen Klaviersatz und wird durch ihn beendet.

Die Veränderungen, die Visconti gegenüber dem Buch vorgenommen hatte, brachten manchen Kritiker dazu, von Zerstörung zu sprechen, bis schließlich Golo Mann, der unerschütterliche Wächter über das Werk seines Vaters, öffentlich erklärte: „Zum ersten Mal sehe ich im Kino einen Film, in dem ich das Werk meines Vaters wiedererkenne." Ich glaube, dass Visconti diese Anerkennung mehr bedeutet hat als der Preis, den er beim Filmfestival in Cannes erhielt. Er hat aber nie erfahren, dass es in München ein Kino gibt, das jeden Sonntagmorgen MORTE A VENEZIA zeigt. Und das seit 32 Jahren.

Im Übrigen empfand Visconti für Thomas Mann und sein Werk eine wahre und umfassende Liebe. Während der öffentlichen Vorstellung des Films in London kam er auf ein altes Projekt zurück, den *Zauberberg*. Er bat mich, Material für die Interpretation des Buches zu sammeln. Die Schwierigkeiten, die sich abzeichneten, waren aber bemerkenswert, so dass Visconti schließlich eine knappere Erzählung von Thomas Mann in Erwägung zog, *Die Betrogene*. Er dachte dabei an Ingrid Bergman.

Testoni/Marcellini: Es wurde bemerkt, dass sich Visconti mit den existenziellen Problemen seines Protagonisten identifiziert haben soll.

Badalucco: In Viscontis Filmen gibt es einen starken autobiografischen Zug. Indem er von anderen Dinge erzählt, erzählt er von seinem Seelenzustand. Das Kino lässt über die Leinwand körperlich werden, was im Buch mit der Vieldeutigkeit von Prosa zum Ausdruck kommt. Aber mancher Kritiker schrieb, dass die Geschichte von Thomas Mann gar nicht so körperlich sei, dass die Schönheit im Grunde in der Idee läge, in der Metapher. Das stimmt nicht. Thomas Mann griff auf ein Ereignis zurück, das seinem Bruder zugestoßen war, der zuerst jenen Jungen gesehen und dann im Bahnhof sein Gepäck verloren hatte. Der Zusammenhang war ein ganz anderer, aber Thomas Mann benutzte, wie es die Künstler tun, ein Erlebnis, kein persönliches, aber das einer Person, der er sehr verbunden war, das bestens in seiner Erzählung funktionierte.

Testoni/Marcellini: Visconti verließ mit MORTE A VENEZIA die politischen und sozialen Themen. Aschenbach ist einer ahistorischen Situation ausgesetzt, allein mit seinen existenziellen Schwierigkeiten. War das auch der Seelenzustand von Visconti?

Badalucco: Meiner Meinung nach ja. '68 war schon vorbei, wir sind in den Siebzigern, einer Zeit, in der ganze Generationen von Intellektuellen befremdet waren, weil sich bewahrheitete, was sie befürchtet hatten. Es gab auch eine gewisse Zerrüttung im politischen Leben. Die Linke begann an diesem Punkt, heiße Luft zu produzieren. Aber es stimmt nicht, dass Visconti nur zuschaute. Wie die anderen Intellektuellen nahm er alles mit großem Unbehagen genau wahr. Aber er wollte keine sozialen Rezepte vorschreiben, er wollte bis zum Äußersten das leben, was in der Gesellschaft vor sich ging. Entsprechend gab es auch einen starken Zusammenhang zwischen ihm selbst und seiner Arbeit, zwischen seinen Vorstellungen und den Themen, an denen er arbeitete, zwischen der Auffassung vom Künstler und der Auffassung vom Schönen, zwischen dem Streben und dem Leben, zwischen der Reinheit und der Perversion. Alles Themen, die Teil seiner Kultur und seines Seelenzustandes waren. So war also MORTE A VENEZIA keine Flucht vor den Problemen, sondern ein tiefes Eindringen in die Keimzelle im Leben eines Künstlers.

Luchino Visconti mit Sergio Garfagnoli und Björn Andresen bei den Dreharbeiten zu MORTE A VENEZIA, 1970

Übersetzt von Klaudia Ruschkowski

Enrico Medioli

Im Gespräch mit
Elio Testoni und
Marina Marcellini

Luchino Visconti, 1970

Über LA CADUTA DEGLI DEI
und LUDWIG

Testoni/Marcellini: Das Drehbuch zu LA CADUTA DEGLI DEI war nicht Ihre erste Zusammenarbeit mit Visconti.

Medioli: Ich fing als Viscontis Regieassistent an, bei einem denkwürdigen *Don Carlo*, 1958 im Covent Garden. An jenem Abend sagte John Gielgud: „Wir haben hier niemals etwas so Schönes gesehen." Es war wirklich wunderbar. Dann übernahm ich die Regieassistenz bei *Macbeth* und *Il duca d'Alba,* 1958 und 1959 in Spoleto. Schließlich habe ich am Drehbuch zu ROCCO E I SUOI FRATELLI mitgearbeitet.

Testoni/Marcellini: Seitdem, seit 1960, haben Sie an den Drehbüchern zu fast allen Filmen Viscontis mitgeschrieben. Was war charakteristisch für Viscontis intellektuelle Ausrichtung im Vergleich zu seiner vorangegangenen Schaffensphase?

Medioli: An einem gewissen Punkt sagte Visconti, dass er das, was er hinsichtlich eines politischen Einsatzes hatte tun sollen, getan hat. Von VAGHE STELLE DELL'ORSA... an nahm er sich das Recht, privatere Themen anzugehen, die aber nur dem Anschein nach ohne politisches Engagement sind. In VAGHE STELLE DELL'ORSA... gibt es die sehr genaue Beschreibung eines Mannes, der das durch den Faschismus gefährdete Bürgertum vertritt, das sich zum Komplizen des Antisemitismus gemacht hat. Das ist eine klare Position. LA CADUTA DEGLI DEI ist sicherlich nicht mit LA TERRA TREMA zu vergleichen, es ist kein politischer Film, erzählt aber vom Nazismus, die Hölle wird mit offenen Augen betrachtet. Gleichzeitig ist es in gewisser Weise aber auch eine private Geschichte. Wenn Visconti, selbst in seinen ersten Filmen, nicht etwas von sich einbauen konnte, etwas Privates, Autobiografisches, dann interessierte es ihn nicht. Man muss genau hinschauen. Derjenige, der zwischen den Zeilen lesen kann, findet in seinen Filmen immer auch Autobiografisches. Er fügte es selbst ein.

Testoni/Marcellini: Habt ihr nie über diesen künstlerischen Ansatz gesprochen?

Medioli: Visconti war ein zurückhaltender Mann, der durch Taten sprach und durch die Dinge, um die er uns bat.

Testoni/Marcellini: Worum bat er Sie bei ROCCO und worum bei LA CADUTA DEGLI DEI?

Medioli: Mit ROCCO wollte er von der inneren Emigration erzählen. Es ist eine Geschichte von Süditalienern in Mailand, von Gedemütigten, Beleidigten, aber zum Schluss gibt es für sie Hoffnung. Es ist die Geschichte von zwei verfeindeten Brüdern, ein Thema, das Visconti gefiel. Er war einer, der nicht losließ. Wenn er eine Sache im Kopf hatte, musste er ihr auf den Grund gehen. Eines seiner Projekte war *Joseph und seine Brüder* von Thomas Mann. Ich erwähne es, auch wenn dieses Vorhaben nur ein fernes Echo ist, denn auch dort gibt es verfeindete Brüder. LA CADUTA DEGLI DEI bezieht sich, neben *Macbeth* natürlich, auf eines der ersten Projekte Viscontis, die Mailänder *Buddenbrooks*. Visconti hat es niemals geschafft, dieses Projekt zu realisieren. Im Übrigen nahmen seine Vorhaben, entsprechend dem jeweiligen historischen Moment, dann eine andere Gestalt an.

Testoni/Marcellini: Welche Beziehung gab es zwischen Viscontis altem Vorschlag für einen Film über die Mailänder Bourgeoisie für die Lux und LA CADUTA DEGLI DEI?

Medioli: Er sprach ständig darüber, die *Buddenbrooks* machen zu wollen, die aus unserem Umfeld hätten stammen müssen. Außerdem war Thomas Mann eine seiner großen Leidenschaften. Visconti war jemand, der die klassische Literatur bearbeitete. Er besaß seine großen Mythen. Das waren Mann, Proust, Stendhal, Dostojewskij. Und dann bemerkte er ab und zu mit Blick auf einen seiner Filme: „Hier will ich die Beichte von Stawrogin aus den *Dämonen*." Tatsächlich gibt es sie in LA CADUTA DEGLI DEI. Der Junge, der das Mädchen vergewaltigt, das sich dann erhängt, ist die Beichte von Stawrogin. Das hat mich Visconti gelehrt: Man muss imstande sein, an den richtigen Stellen zu klauen.

Testoni/Marcellini: Hat Visconti gleich zu Beginn der Drehbucharbeiten zu LA CADUTA DEGLI DEI die tragenden Ideen festgelegt oder wurden sie allmählich entwickelt?

Medioli: LA CADUTA DEGLI DEI ist als ein *Macbeth* entstanden. Suso Cecchi d'Amico hatte eine erste Idee ausgearbeitet, die sich auf den „Profumo-Skandal" bezog, dann ist die Sache in einen Hafen eingelaufen, es gab Ansprüche vonseiten der Produktion, ich weiß nicht mehr. Bis einmal Luchino von irgendwoher zurückgekommen ist und mir gesagt hat: „Ich will die *Götterdämmerung* machen", das heißt die Geschichte der Buddenbrooks in Nazi-Deutschland. Visconti sagte mir auch – aber ich erinnere mich nicht mehr daran, ob es wirklich stimmt –, dass dies eine Idee von Giovanni Testori gewesen ist. Dann war es nicht schwierig, das Drehbuch zu schreiben, in wenigen Monaten sind wir mit Nicola Badalucco vorangekommen.

Testoni/Marcellini: Hatten Sie sich schon vorher mit Thomas Mann beschäftigt?

Medioli: Thomas Mann war auch meine Leidenschaft. Visconti verehrte ihn. Es gibt eine wunderschöne Erzählung von Thomas Mann, *Die Betrogene*. Es handelt sich um die Geschichte einer Frau im fortgeschrittenen Alter, deren fruchtbare Zeit vorbei ist und die sich in einen sehr viel jüngeren Mann verliebt. Diese Liebesgeschichte funktioniert merkwürdigerweise, so sehr, dass die Frau wieder menstruiert. Natürlich ist es Betrug, nicht Liebe, es ist der Tod, also ein typisches Thema von Thomas Mann. Als Visconti die Geschichte vorschlug, hörten ihm die Produzenten versteinert zu, man sah voraus, dass sich das Publikum nicht darum reißen würde, so eine unangenehme Geschichte zu sehen. Aber das Thema des Todes, der als Liebe erscheint, ist das von GRUPPO DI FAMIGLIA IN UN INTERNO. Visconti gelang es, diesen Gedanken schrittweise in den Film zu übersetzen.

Luchino Visconti bei den Dreharbeiten zu LUDWIG auf Schloss Neuschwanstein, 1972

Testoni/Marcellini: Um zum Drehbuch zurückzukehren: Gab es inhaltliche Schwierigkeiten?

Medioli: Ja, mehr als einmal wussten wir nicht, wie es weitergehen sollte. An einem gewissen Punkt wurden die negativen Personen, die eine Reihe von Untaten begangen hatten, bestraft. Wir sind da hängen geblieben, bis ich eines Tages zu Visconti gesagt habe, ich hätte eine Idee, die mich aber selbst ein wenig in Verlegenheit brächte. Er meinte: „Sprich weiter, sag mir, was es ist." Die Idee war, dass Martin seine Mutter vergewaltigt. Visconti war zuerst etwas sprachlos, dann sagte er: „Schreib das, anschließend werden wir sehen, was geschieht." Ich habe es auf eine Art geschrieben, dass man es versteht und zugleich nicht versteht. Es ist eine Szene der tastenden Hände, der Blicke, des Schweigens, des Unbehagens, er reißt ihr das Kleid auf, sie schreit.

Testoni/Marcellini: In einem Brief an Visconti kritisierte Antonello Trombadori die Verschränkung zu vieler vertrauter Themen und beklagte das Fehlen eines genaueren Eingehens auf das, was der Nazismus war und wie er endete, vielleicht durch Überschriften, in Form einer Dokumentation, ausgehend von der Machtübernahme Hitlers bis zu seinem Ende im Bunker.

Medioli: Ist es nicht schön, wie der Film aufhört? Mit dieser makabren Hochzeit, die sich natürlich auf Hitler und Eva Braun bezieht.

Testoni/Marcellini: Trombadori zog auch die Möglichkeit in Erwägung, dass die Schuld jener schrecklichen Figuren wie Friedrich oder Sophie durch den noch größeren Wahnsinn und die Bosheit Martins abgeschwächt wird.

Medioli: Das ist ein Schlangennest. Ohne Rettung. Visconti ist fähiger als die Leute, die ihn kritisieren, er wusste, was er wollte. Trombadori war stärker politisiert. Er zählte darauf, dass er einen großen Einfluss auf Visconti besaß.

Testoni/Marcellini: Guido Aristarco hingegen bemerkte in einem Brief an Visconti, dass die Figur des Herbert, des Guten, gegenüber der ungeheuren Tragik der anderen zerbrechlich wirkt, weniger gelungen.

Luchino Visconti bei den
Dreharbeiten zu LUDWIG
am Starnberger See, 1972

Medioli: Herbert ist eine positive Figur. Visconti war jemand, der das Böse verurteilte, aber er war auch davon fasziniert. Er erzählte von der Gewalt, empfand aber auch deren Reiz. Von einer positiven Figur zu erzählen, sprach ihn weniger an als die Bosheit eines Martin oder einer Sophie. In der Anlage von Martin gibt es etwas Autobiografisches, die Hassliebe zur Mutter, die wirklich kennzeichnend für Visconti war, eine Thematik, die in seinen Filmen stets wiederkehrt. Ich weiß, dass es diese Beziehung zur Mutter gab, eine Beziehung, die aus Eifersucht bestand. Eine große Liebe, aber auch eine große Unduldsamkeit. Die besitzergreifende Mutter aus VAGHE STELLE DELL'ORSA..., die Pazzino, ist die Mutter von Luchino, von der er noch das Porträt besaß, denn er sprach mit ihr, das sagte er mir. Das ist bemerkenswert, weil Visconti nie über diese Dinge sprach. Über zwei Dinge konnte man nicht mit Luchino sprechen: über die Familie und über den Kommunismus.

Testoni/Marcellini: Sprechen wir von LUDWIG. Der Film ist 246 Minuten lang. Im Januar 1973 wurde er mit einer Länge von nur 150 Minuten uraufgeführt.

Medioli: Metro-Goldwyn-Mayer war der Ansicht, dass der Film drei Stunden nicht überschreiten dürfe. Daher wurde er geschnitten, mit dem Resultat, dass der Film unglaublich langatmig erschien, denn wenn jemand eine Geschichte erzählt, deren roten Faden man nicht versteht, wird es schwierig zu folgen. In der Tat ist LUDWIG nicht gut gelaufen, als er herauskam. 1978 erfuhr Suso Cecchi d'Amico, dass der Film auf einer Zwangsauktion versteigert werden sollte, und ich, Suso, Mannino, Mastroianni, Tosi und andere enge Mitarbeiter Viscontis kauften den Film. Wir montierten ihn nach der ursprünglichen Fassung und heute kann man LUDWIG so sehen, wie es Visconti gewollt hatte.

Testoni/Marcellini: Wie stehen LA CADUTA DEGLI DEI und LUDWIG zueinander?

Medioli: Es gibt einen roten Faden, der beide Filme verbindet. Sicherlich ist das Mitleid mit der Figur des Ludwig sehr groß, während es kein Mitleid mit den Figuren aus LA CADUTA DEGLI DEI gibt. Dann existieren etliche autobiografische Momente in LUDWIG, aber sie sind auch in LA CADUTA DEGLI DEI vorhanden, die Liebe zur Mutter und der Hass auf sie. Beiden Filmen gemeinsam ist auch die späte Liebe zur deutschen Kultur.

Testoni/Marcellini: LUDWIG wurde von manchen Kritikern als geistiges Testament Viscontis bezeichnet, da die Figur des Ludwig sehr autobiografisch zu sein scheint. Ein Film, der ohne Chor auskommt, in dem sich das Auge der Kamera nur auf eine einzige Person konzentriert und die anderen Personen weder psychologische Stärke noch Würde haben.

Medioli: Es ist wahr, in LUDWIG gibt es keinen Chor, aber hinsichtlich des Punktes, dass der Film wesentlich autobiografisch sein soll, frage ich mich, bis wohin ich zustimmen würde, denn Ludwig ist ein Schwächling, Luchino aber war ein sehr starker Mann.

Testoni/Marcellini: Um weiter über Autobiografie und Erinnerung zu sprechen: Visconti hat selbst gesagt, dass LUDWIG entstanden ist, weil sich *Auf der Suche nach der verlorenen Zeit* nicht realisieren ließ, die das wahre Terrain der Erinnerung ist.

Medioli: Visconti betrachtete Proust als sein Territorium, zu dem niemand Zugang hatte. Da er aber ein großer Mann des Films war und das Gewerbe genau kannte, wusste er nur zu gut, dass *Auf der Suche nach der verlorenen Zeit* nicht einmal in einem Film von vier Stunden zu machen war. Darüber hinaus sah er die Proustianer mit geladenem Gewehr vor sich stehen. Visconti sagte mir also, dass man den Film nicht machen könnte. Er wollte lieber *Jean Santeuil* drehen, das ist *Auf der Suche nach der verlorenen Zeit,* ohne es zu sein. Genügend Menschen haben *Auf der Suche nach der verlorenen Zeit* gelesen, wenige dagegen *Jean Santeuil*, aber alle Themen finden sich darin. Visconti reiste mit *Jean Santeuil* im Gepäck, das kann ich versichern.

Testoni/Marcellini: Einige Proust'sche Themen fand er auch in LUDWIG.

Medioli: Etwas von Proust ist immer in Viscontis Filmen. Auch L'INNOCENTE beginnt mit einem Proust'schen Fest. Proust war wirklich sein Territorium, und Schande über den, der sich hier näherte. Einmal habe ich ein Drehbuch für Caprioli geschrieben, SPLENDORE E MISERIE DI MADAME ROYAL, und an einem gewissen Punkt kam es zu einem Zusammentreffen zwischen einem alten Homosexuellen, das war die Figur von Tognazzi, und einem Polizeikommissar, und ich habe ein Stückchen Proust wieder aufgegriffen. Als ich das Luchino sehr zufrieden erzählte, sagte er mir: „Ich lass dich einsperren, ich rufe die Carabinieri." Denn Proust war seine Sache.

Übersetzt von Klaudia Ruschkowski

Piero Tosi

Im Gespräch mit
Caterina d'Amico

Über LA CADUTA DEGLI DEI

Viscontis Arbeit mit dem Kostümbildner Piero Tosi

In Ruhe konnten wir nur die Sequenz der „Nacht der langen Messer" drehen, die Orgie der SA und das Massaker, das die SS auf Befehl Hitlers in dem kleinen Hotel in Bad Wiessee ausführt. (...) Meine Arbeit war durch eine sehr umfangreiche historische Dokumentation erleichtert worden, die mir eine junge Frau, Christine Edzard – sie war mir von Lila de Nobili empfohlen worden –, in Deutschland besorgt hatte. Ich hatte die französische Haute Couture dieser Zeit studiert, die Kleider von Vionnet, Patou, Molineux und Grès; denn die Frauen dieser mächtigen und verderbten Familie von der Ruhr, der von Essenbeck, kleideten sich, wie überhaupt das deutsche Großbürgertum jener Jahre, nur in Paris ein. Wenn etwas meine Arbeit als Kostümbildner erschwerte, dann das Problem, die richtigen Stoffe zu finden. Courrèges war in Mode. Die Gewebe dieser Zeit waren ganz steif, sogar gummiert, um den Formen etwas Geometrisches zu geben. Etwas anderes war nicht zu bekommen. Um Stoffe aufzutreiben, die sich dem Körper anschmiegen, ein Charakteristikum der Kleider in den dreißiger Jahren, musste ich Ladenhüter ausgraben und gebrauchten Crêpe Atlas verwenden, um die Pelzmäntel zu füttern.

Einige Schwierigkeiten bereitete mir das Gesicht von Ingrid Thulin, das wunderschön ist, aber sehr verschieden von den Gesichtern der dreißiger Jahre, was heißt: schmale Lippen, kaum angedeutete oder rasierte Augenbrauen und kurze Haare, die den Kopf klein erscheinen lassen. Zuallererst hatte Visconti an Vanessa Redgrave gedacht, dann an Ingrid Bergman, die, als sie sich entscheiden musste, das Engagement ablehnte, vielleicht aus Angst vor einer so finsteren und gänzlich negativen Rolle. Bei der Maske leistete die Thulin mir passiven Widerstand. Sie wollte sich die Haare nicht schneiden lassen, also benötigten wir eine Perücke. Nach und nach, schrittweise, war ich es, der gewann; für die Großaufnahmen während der Hochzeit verwandelte ich sie schließlich in eine Maske. Aber das war gar nichts, gemessen an den Schwierigkeiten, die auf die gesamte Produktion im Verlauf der Dreharbeiten zukamen.

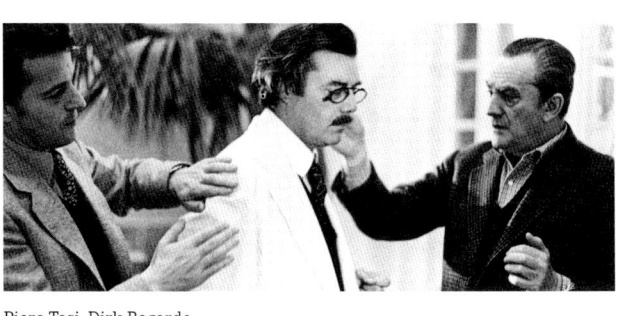

Piero Tosi, Dirk Bogarde
und Luchino Visconti bei den
Dreharbeiten zu
MORTE A VENEZIA, 1970

Sie beschlagnahmten alle Kostüme, das ganze Schneideratelier, und schufen dadurch ernsthafte Probleme für Umberto Tirelli, der schon Mühe gehabt hatte, die Kleider mit den wenigen zur Verfügung stehenden Mitteln herzustellen. Um wenigstens das Begräbnis und zwei, drei Außenaufnahmen mit Helmut Berger drehen zu können, musste die Truppe einen Korb mit gepfändeten Kostümen stehlen. Dann fuhr ich nach Italien zurück, nach Cinecittà für die Innenaufnahmen und nach Terni für die Außenaufnahmen der Fabrik. Es blieb aber, aus Geldmangel, ein nicht enden wollendes Inferno von „Kamera ab" und nachfolgendem „Ab nach Hause". Das war 1969.

Über MORTE A VENEZIA
und LUDWIG

Dieses Mal musste Visconti sein Filmprojekt nicht lange wiederkäuen. Die Idee fand alsbald einen Produzenten und genügend Geld. Ich war nach einem Autounfall auf dem Weg der Genesung. Zwei Monate lang waren meine Schulter und mein rechter Arm eingegipst. Der Gips war gerade abgenommen worden und ich konnte den Arm noch nicht wieder gebrauchen. Luchino sagte zu mir: „Mach mir wenigstens die Skizzen für Tadzio." Ich warf einige schlechte Zeichnungen aufs Papier, mehr um ein Nein zu umgehen, das er im Übrigen nicht akzeptiert hätte, und kümmerte mich schließlich um sämtliche Kostüme. Silvana Mangano sollte die Mutter von Tadzio sein. Lu-

Ingrid Thulin

Über LA CADUTA DEGLI DEI

Eine Ihrer aufregendsten Darstellungen ist die der Baronin Sophie von Essenbeck in Luchino Viscontis LA CADUTA DEGLI DEI. Wie war die Arbeit mit Visconti?
Das war reines Vergnügen. Man konnte gut mit ihm reden, weil er kein Lehrertyp war. Jedenfalls hatten wir die gleiche Vorstellung, was man mit dieser Rolle machen sollte. Das Make-up und die Kostüme waren so speziell, dass man nicht gegen sie arbeiten konnte. Man konnte nicht gegen das spielen, was man angezogen hatte. Das Make-up dauerte beim ersten Mal sieben Stunden, besonders das weiße, und wenn ich mich aus Versehen berührte, hatte ich sofort Fingerabdrücke auf dem Make-up.

Das Make-up und die Kostüme erzählten die ganze Rolle. Visconti wusste, dass ich eine erfahrene Schauspielerin war. Er verbrauchte seine Energien als Lehrer bei Helmut Berger, denn ein Deutscher in Uniform aus jener Zeit hat so etwas Spezielles, das Helmut nicht wissen konnte. Andererseits – sogar bei Bergman habe ich das gemacht – kann man seine eigene Rolle aus dem herausfiltern, was der Regisseur anderen Schauspielern erzählt.

(...) Es ist ein klein wenig Extraarbeit, aber es ist leichter, denn man muss den Regisseur nicht dauernd fragen.

LA CADUTA DEGLI DEI (1969)
Figurine für Sophie von Essenbeck (Ingrid Thulin) von Piero Tosi

chino wollte sie puderfarben gekleidet wie seine Mutter, Carla Erba; er hatte mir viele Fotografien gezeigt, auf denen Donna Carla in endlose Meter von Maliner Tüll gehüllt war. Silvana kam nur ein einziges Mal in die Schneiderei. Wir besprachen einige Schnitte, die ich dann weiterentwickelte, und die außergewöhnlichen Hüte, wahrhaft architektonische Gebilde, die mir die Modistin Elsa, eine großartige Handwerkerin und ein wirkliches Talent, ausgearbeitet hatte. Auf dem Set wurden die Hüte durch die Frisuren ergänzt, die ich gezeichnet hatte und die von den Friseuren Maria Teresa Corridoni, Ida Gilda De Guilmi und Luciano Vito perfekt umgesetzt worden waren. Für die Kostüme der Frauen waren mir die originalen Kleider, die Tirelli in weiser Voraussicht angehäuft hatte, eine große Hilfe; seine Schätze stammten unter anderem aus den Koffern von Concetta Gazzoni, einer römischen Schneiderin vom Anfang des Jahrhunderts, die gebrauchte Garderobe der Aristokratie gekauft hatte, um sie an die Damen des kleinen und mittleren Bürgertums weiterzuverkaufen. Für die Szenen am Strand hingegen, die Kostüme der Männer, die Hüte, musste ich bei Null anfangen. Ich verwendete Leinen und Segeltuch für den Strand, Alpaka für die Jacken, Leinen und Wollserge für die Hosen. Für Tadzios Strandanzüge probierten wir verschiedene Arten von Jersey, der aber erbarmungswürdig unförmige, sackartige Gebilde hervorbrachte. Auf dem kleinen römischen Markt der via Sannio, der wirklich Gold wert ist, entdeckte ich glücklicherweise amerikanischen Kunstseidenstrick: Er war ganz ideal, wie sich herausstellte.

Als wir im Abstand von einigen Monaten die ersten Aufnahmen machen konnten, hatte Björn sich schon verändert. Er hatte etwas von der Grazie verloren, die er in unseren Augen gehabt hatte, hatte jetzt große Füße, große Hände. Das sind die sprunghaften Veränderungen in der Adoleszenz, der Pubertät. Vertragsgemäß wurde der Junge von seiner Großmutter und einer Lehrerin begleitet, weil die Eltern nicht wollten, dass er auch nur ein Trimester in der Schule verliere. Aus gesetzlichen Gründen durfte Björn, die Handlung des Films betreffend, nicht aufgeklärt werden. Luchino sagte ihm Sequenz für Sequenz, was er machen sollte, ohne das zu vertiefen. Eines Tages mussten wir die Begegnung am Strand zwischen Aschenbach und Tadzio, zwischen Björn und Dirk Bogarde drehen. Björn stand auf dem Steg unter der Segeltuchüberdachung, an eine Stange gelehnt. Aschenbach kam zum Strand herunter. Luchino wies den Jungen an: „Geh schräg rüber zur anderen Stange und dreh dich an deinem Arm um sie herum. Wenn Dirk sich dir nähert, schneide ihm den Weg ab, ohne ihn anzusehen. Du darfst ihn nie ansehen. Hast du verstanden?" Der Junge antwortete: „Ja, keinen Blick, wie um ihm zu sagen: ‚Du wirst mich nie bekommen.'"

Ich selbst war eigentlich immer von Grund auf unzufrieden. Als ich den *Tod in Venedig* las, war alles zwischen den Zeilen, in den weißen Zwischenräumen. Auf dem Set fand ich alles platt und profan, trotz Luchinos Begabung und der extremen Sorgfalt, der Meisterschaft von Pasqualino De Santis, dem Kameramann, der wieder und wieder das Licht studierte, die Filter, die Abschattierungen. Nur manchmal schien es mir, kam man der Stimmung nahe, der Unruhe, die um und in Aschenbach herrscht. Wenn etwas die Kluft zwischen dem Buch und dem, was wir mit filmischen Mitteln

LA CADUTA DEGLI DEI (1969)
Ingrid Thulin

erzählten, überwand, dann war es fast immer der Zauber, der von Silvana Mangano ausging. Ich erinnere mich, dass ich Silvana eines Abends in ihrem Zimmer ankleidete. Das Fenster war offen. Von unten kamen die volkstümlich derben Klänge dieses Orchesterchens, das im Film unerwartet das Hôtel des Bains heimsucht. Luchino drehte. Silvana wählte die Schmuckstücke, zog die Handschuhe an, betrachtete sich im Spiegel. Sie saß im Gegenlicht. Ich fühlte mich völlig in die Fiktion hineingezogen, so sehr, dass mich Angstschauer überliefen wie jemanden, der nicht mehr weiß, ob er träumt oder etwas in Wirklichkeit erlebt. Silvanas Gebärden und Bewegungen waren eindrucksvoll. Ida Galli, ein wirklich schönes Mädchen – eine der drei Töchter des Fürsten von Salina im GATTOPARDO, die mittlere zwischen Lucilla Morlacchi und Ottavia Piccolo – hatte die Rolle abgelehnt. Sie lehnte ab, weil die Rolle praktisch stumm ist. Silvana spielte die Rolle fast umsonst, sie wollte keine Gage außer dem Tagegeld.

LUDWIG war ein großes Unternehmen, auch weil der Film mehr als zwanzig Jahre – von 1860 bis 1886 – umfasst. Das bedeutete für die Kostüme von Elisabeth, die Kaiserin von Österreich wird, von Worths immensen Krinolinen zur Tournure der Jahre 1878–80 zu wechseln, als die französische Haute Couture eng anliegende Kleider schuf, mit einem kleinen Cul de Paris, dem eine Schleppe beigefügt ist, die den Rock schmal fallen lässt. Diese Kleider für Elisabeth, die von Schloss zu Schloss fährt, um die architektonischen Narrheiten Ludwigs anzuschauen, erlaubten es mir, eine Zeit und eine Mode in Angriff zu nehmen, die ich nie zuvor gezeichnet oder philologisch rekonstruiert hatte. Zu einer wirklichen *tour de force* zwang mich die Sequenz der Krönungsfeierlichkeiten: König, Königin, Hofdamen, Uniformen des Militärs, der Diplomatie oder die Umhänge des Hofstaats. Für den Krönungsmantel Ludwigs fuhr Gabriella Pescucci, die mit Bravour, Leidenschaft und einem unerschütterlichen Optimismus meine Zweifel und Panikattacken besänftigte, nach München und kopierte das Original. Es ist blau. Das Atelier Tirelli fertigte es in dunkelrot an, wie Visconti es wollte. Für Verzierungen und Stickereien ging der Mantel dann zu Frau De Domenici, einer Stickerin mit Händen, die Wunder vollbringen konnten: Plattstich und Spaltstich mit Goldlaan, Hände, die von einer großen kunsthandwerklichen Tradition zeugen.

LA CADUTA DEGLI DEI (1969)
Figurine für Lisa (Irina Vanka)
von Piero Tosi

Übersetzt von Carola Jensen

LA CADUTA DEGLI DEI (1969)
Irina Vanka

MORTE A VENEZIA (1971)
Figurinen für Tadzio
(Björn Andresen) und ein Mädchen
von Piero Tosi

Viscontis Arbeit mit dem Kostümbildner Piero Tosi

MORTE A VENEZIA (1971)
Silvana Mangano

Silvana Mangano
Über MORTE A VENEZIA

Er wollte, dass ich seine Mutter sei. Er sprach nie offen mit mir über sie. Aber ich verstand es trotzdem. Er erzählte mir, wie seine Mutter sich ihr Tuch umwarf, und wollte sehen, ob ich das auch könnte. Ich empfand eine freudige Erregung darüber. Aber gleichzeitig bekam ich immer mehr Angst. Nach dem Film sagte er zu mir: „Nicht nur als Mutter des Tadzio, als Mutter der Schönheit und des Todes wirst du mir im Gedächtnis bleiben. Du wirst auch immer mit meiner Mutter verbunden sein."

MORTE A VENEZIA (1971)
Figurine für Tadzios Mutter
(Silvana Mangano) von Piero Tosi

Luchino Visconti

Im Gespräch mit Lino Miccichè

Über MORTE A VENEZIA

Viscontis Einsatz von Musik

Miccichè: Um auf die Musik für MORTE A VENEZIA und Mahler zurückzukommen, ich muss dir gestehen, dass ich etwas verwundert war über die so ausschließliche und im Grunde genommen nahe liegende Wahl des berühmtesten „Stücks" aus dem doch umfangreichen Schaffen Mahlers: das Adagietto der 5. Sinfonie, das du nicht weniger als sechs Mal ausführlich verwendest (fünf Mal in der Orchesterfassung und ein Mal in der Klavierbearbeitung), entgegen der relativ kurzen Zitation der Dritten, was mich übrigens auch etwas verwundert hat, da ich, aus Gründen der engen Verknüpfung von Bild und Erzählung (die Dritte setzt im Film so ein, dass sie das Begräbnis des Kindes ankündigt), das fünfte der *Kindertotenlieder* erwartete. Und übrigens, warum nicht die Todesahnungen des letzten Satzes der 6. Sinfonie, die Ironie des Andante amoroso der Siebten oder das apokalyptische Grauen des Adagios der Zehnten?

Visconti: Zu Beginn hatte ich viele Ideen, habe vieles in Erwägung gezogen und mir daraufhin viele von Mahlers „Stücken" erneut angeschaut. Ich hatte schon andere Ausschnitte vorbereitet und zur Sichtung vorgesehen, um zu sehen, wie das klappt. Nun gut, am Tage, an dem ich das Adagietto der Fünften ausprobierte, war sofort klar, dass es vortrefflich passte, als ob es „ad hoc" komponiert sei, es deckte sich mit den Bildern, den Bewegungen, den Schnitten und den inneren Rhythmen. Auch der erste Satz der Zehnten, die du erwähntest, wäre an bestimmten Stellen gegangen; aber das Adagietto der Fünften hat eben besser funktioniert. Ähnliches gilt für die *Kindertotenlieder,* die ich seit Beginn der Dreharbeiten im Kopf hatte. Sie wollten nicht zu den Bildern passen. Im Übrigen war die Wahl des vierten Satzes der Dritten auch von den wunderbaren Versen Nietzsches bestimmt, die da gesungen werden:

„O Mensch! Gib acht!
Was spricht die tiefe Mitternacht?
‚Ich schlief, ich schlief –,
Aus tiefem Traum bin ich erwacht; – (...)'"

Es sind bedeutungsvolle Verse und sie fügen sich vollkommen in den Geist dieser Sequenzen und des Films ein. Schade ist allerdings, dass man sie nur in Deutschland verstehen wird.

Miccichè: Und das Wiegenlied von Mussorgskij, das Masha Predit singt? Es ist wunderschön, aber musikalisch gesehen gibt es dem Ende des Films doch eine andere Tonalität als die Musik Mahlers.

Visconti: Das Lied war nicht geplant, es ist zufällig aufgekommen. Ich hatte vorgesehen, dass der Strand, der anfänglich von Menschen wimmelt, nun, kurz vor dem Tod Aschenbachs, verödet sein sollte, nur die Russen sollten noch da sein, die am wenigsten Ängstlichen, die Extrovertiertesten, die Redseligsten. Als ich mich darauf vorbereitete, die Szene zu drehen, kam mir in den Sinn, dass ich unter den Darstellern Masha Predit hatte, die eine ausgezeichnete Kammersängerin war. Ich habe sie also gebeten, mir etwas Russisches vorzusingen. Sie war ein wenig erschrocken, weil sie keine Noten hatte und aus dem Gedächtnis hätte singen müssen; sie hat es überschlafen und dann dieses Klagelied von Mussorgskij gesungen. Während sie sang, stand die ganze Truppe um sie herum, betroffen und gerührt, und sogleich schien es mir, dass genau dieses lyrische Moment das musikalische Präludium war, das ich für den Tod von Aschenbach brauchte.

Übersetzt von Carola Jensen

Der Kuriosität wegen möchte ich dir erzählen, dass das Stück, das im Film von Alfried auf dem Flügel gespielt wird, aus der Vierten stammt und von Mahler selbst gespielt wird; es ist die Transkription von einer alten Schallplatte, die Musik von Mahler, Strauss und anderen enthält und von den Komponisten selbst eingespielt wurde.

Miccichè: *Für Elise* von Beethoven, das Tadzio im Salon des Hotels spielt, und dann, nicht viel besser, Esmeralda im Bordell, was hat das zu bedeuten?

Visconti: Ach, das war wirklich der reine Zufall. Ich wollte die Szene mit Tadzio am Flügel drehen und habe das Kind gebeten, mir etwas vorzuspielen. So hat er mir *Für Elise* gespielt und ich habe das in die Szene aufgenommen, die unmittelbar der im Bordell folgt.

Miccichè: Aber so hast du Tadzio ein wenig zur Prostituierten und die Prostituierte ein wenig zu Tadzio gemacht.

Visconti: Genau das wollte ich. Es lag mir tatsächlich daran, den Aspekt der „Ansteckung" wie auch der Anziehung durch die Sinnlichkeit mit jenem der kindlichen Reinheit zu vereinen und gleichzeitig zu trennen. Im Übrigen ähnelt das Freudenmädchen Tadzio ein wenig, weil sie ein unschuldiges Kindergesicht hat; darüber hinaus lässt sie an *Doktor Faustus* denken, zumindest die, die ihn gelesen haben, genauer noch, an die biografischen Anspielungen auf Nietzsche, die der *Faustus* enthält. Kurz und gut, indem Aschenbach die Gegenwart Tadzios mit der Erinnerung an die Prostituierte verbindet, das heißt an eine „Ansteckung", die Jahre zurückliegt, erfasst er in vollem Umfang den äußerst zweideutigen „sündhaften" Aspekt seiner Haltung Tadzio gegenüber. Er ist also Opfer, wie Jahre zuvor bei Esmeralda, ist noch einmal Opfer eines Nachgebens. Tadzio repräsentiert die eine Seite der Polarität von Aschenbachs Leben, die Seite, die das Leben verkörpert – als Alternative und Antithese zum streng intellektuellen Universum, zu diesem „sublimierten Leben", in das sich Aschenbach eingeschlossen hat – und die mit dem Tod endet. Esmeralda und Tadzio stehen nicht nur für das Leben, sondern für die ihm eigene verwirrende und verführerische Dimension: die Schönheit.

Die As-Dur-Elegie von Richard Wagner

Von Visconti in LUDWIG eingesetzt

Richard Wagner hatte die Arbeit an *Parsifal* am 13. Januar 1882 in Palermo abgeschlossen. Am 2. März notierte Cosima, Wagner arbeite an einer ihr unbekannten Melodie, und am 13. März, er spielte „die Melodie von den Porazzi, welcher er die ihm gewünschte Biegung gegeben hatte". Damals wohnten sie an der Piazza dei Porazzi. Für Cosima war es „die Melodie, welche den geheimsten Vorgang meiner Seele mir wiederbringt". Am 18. April fand Cosima ein Blatt mit dem Thema auf ihrem Tisch. Es war wohl das Blatt mit den 13 Takten, das Eva Chamberlain Arturo Toscanini 1931 in Bayreuth schenkte. 1934 verwies Otto Strobel auf die Nähe zu *Tristan und Isolde*. Er hatte ein Notenblatt zum zweiten Akt gefunden, auf dem auch acht Takte notiert sind, deren erste sieben identisch sind mit dem Anfang des „Porazzi-Themas". Mit der violetten Tinte der *Parsifal*-Partitur sind fünf Takte hinzugefügt, die Takte 8 bis 12 des „Porazzi-Themas". Das Thema spannt einen Bogen über 24 Jahre, von *Tristan und Isolde* über *Parsifal* hinaus, von Mathilde Wesendonck zu Cosima. Sehnsucht und Zueignung, aufgefangen in einer Elegie.

Als Visconti mit Franco Mannino die Musik für LUDWIG besprach, erinnerte sich dieser an einen Besuch bei Toscanini 1946 in den USA. Toscanini hatte ihm „die wenigen Takte einer kontemplativen Musik" vorgespielt. Visconti schlug vor, den Film mit dem Thema zu beginnen und zu beenden. Ein Bogen, darin das Leben von Ludwig II. Mannino stellte eine Orchesterfassung her.

W. S.

Luchino Visconti

Das anthropomorphe Kino (1943)

Viscontis Arbeit mit den Schauspielern

Was hat mich bewogen, eine schöpferische Tätigkeit beim Film aufzunehmen? (Schöpferische Tätigkeit: Arbeit eines Menschen, der unter Menschen lebt. Mit dieser Formulierung sei klargestellt, dass ich mich hüte, darunter etwas zu verstehen, das sich ausschließlich auf die Domäne des Künstlers bezieht. Jeder arbeitende Mensch, lebt er, ist schöpferisch tätig: vorausgesetzt, er kann leben. Das heißt: vorausgesetzt, er kann sein Leben frei und unbehindert gestalten; das gilt für den Künstler wie für den Handwerker und den Arbeiter.)

Nicht die übermächtige Verlockung einer vermeintlichen Berufung – eine romantische Vorstellung, die weit entfernt ist von unserer heutigen Realität –, ein abstrakter Begriff, der, einmal ersonnen und in Umlauf gebracht, den Künstlern gelegen kam, um die Vorrangstellung ihres Schaffens gegenüber dem anderer Menschen zu behaupten. Es gibt nämlich keine Berufung; es gibt aber das Bewusstsein der eigenen Erfahrung, die dialektische Entfaltung eines Menschenlebens, wenn es ein Band gibt, das den Menschen mit anderen Menschen verbindet; und darum denke ich, dass man nur über die gelebte, täglich durch einfühlende und sachliche Prüfung menschlicher Schicksale erneuerte Erfahrung zu einer Herausbildung seiner besonderen Fähigkeiten gelangen kann.

Dahin gelangen heißt aber nicht, sich abkapseln und damit alle gewachsenen sozialen Bindungen zerreißen, was vielen Künstlern widerfährt, so dass die Besonderheit dann häufig zum Anlass für eine sträfliche Flucht vor der Wirklichkeit genommen wird; in kruden Worten: sich in feige Enthaltung verwandelt.

Ich will nicht behaupten, dass nicht jede Arbeit auch individuelle Arbeit und in gewissem Sinn „Beruf" ist. Aber sie wird Gültigkeit nur beanspruchen können, wenn sie Produkt mannigfacher Lebensbezeugungen ist, wenn sie zur Manifestation des Lebens wird.

Der Film hat mich angezogen, weil in ihm das Streben vieler zusammenfließt und sich unter Anspannung aller Kräfte zu einem besseren, umfassenderen Werk ordnet. Es ist ersichtlich, wie groß die menschliche Verantwortung des Regisseurs ist, die sich daraus ergibt, die aber wird ihm, vorausgesetzt, er ist nicht von einer dekadenten Sicht der Welt korrumpiert, den richtigen Weg weisen.

Zum Film hat mich vor allem das Bestreben geführt, Geschichten von lebendigen Menschen zu erzählen, von lebendigen Menschen inmitten der Dinge, nicht von Dingen an sich.

Das Kino, das mich interessiert, ist ein anthropomorphes Kino.

Von allen Aufgaben, die mich als Regisseur angehen, begeistert mich daher am meisten die Arbeit mit den Schauspielern; der menschliche Rohstoff, aus dem sich neue Menschen formen lassen, die, dazu aufgefordert, sie zu verkörpern, eine neue Wirklichkeit hervorbringen, die Wirklichkeit der Kunst. Zuallererst ist der Schauspieler ein Mensch. Daher besitzt er menschliche Schlüsseleigenschaften. Von diesen suche ich auszugehen und sie der Konstruktion der Figur so einzupassen, dass darstellender Mensch und dargestellter Mensch in einem bestimmten Augenblick eins werden.

Bis heute hat das italienische Kino die Schauspieler eher ertragen, ließ sie gewähren, ihre Launen und Eitelkeiten ins Unermessliche zu steigern: Dabei besteht die wahre Aufgabe darin, sich dessen zu bedienen, was sie an Substanz und Ursprünglichem in ihrem Wesen verwahren.

Deshalb ist es bis zu einem gewissen Grad von Bedeutung, dass die so genannten professionellen Schauspieler vor dem Regisseur erscheinen, wie sie sind: verformt durch eine mehr oder minder lange individuelle Praxis, die sie auf ein Schema festlegt, das gewöhnlich eher künstlichen Überlagerungen geschuldet ist als ihrer menschlichen Natur. Auch wenn es sehr oft harte Arbeit ist, den Kern einer verformten Persönlichkeit herauszufinden, so ist es doch eine Mühe, die sich lohnt: weil sich am Grunde immer ein menschliches Geschöpf findet, das befreit und ausgebildet werden kann.

Man sollte mit Entschiedenheit die hergebrachten Schablonen, jede Erinnerung an Methoden und Schulen außer Acht lassen und suchen, den Schauspieler dahin zu bringen, schließlich eine ihm eigene, unwillkürliche Sprache zu sprechen. Diese Mühe wird verständlicherweise nur Früchte tragen, wenn diese Sprache existiert, sei sie auch kaschiert und unter tausend Schleiern verborgen: wenn es also ein wirkliches „Temperament" gibt.

Ich schließe natürlich nicht aus, dass ein im Sinne der Technik und der Erfahrung „großer Schauspieler" solche ursprünglichen Eigenschaften besitzt. Ich will aber sagen, dass nicht selten weniger illustre, weniger marktgängige, deshalb aber nicht weniger beachtenswerte Schauspieler sie gleichfalls besitzen. Ganz zu schweigen von den Nicht-Schauspielern, die, außer der hinreißenden Einfachheit, die sie beisteuern, davon authentischere und gesündere haben, weil sie, als Produkte einer nicht korrumpierten Umwelt, oft die besseren Menschen sind. Man muss diese Eigenschaften nur entdecken und fokussieren. Hier ist es, wo, im einen gerade so viel wie im anderen Fall, die hellseherischen Fähigkeiten des Regisseurs vonnöten sind.

Die Erfahrung hat mich darüber hinaus gelehrt, dass der Mensch, seine Gegenwart, Gewicht hat und die einzige „Sache" ist, die das Bild ausfüllt; dass die Umgebung von ihm, von seiner lebendigen Gegenwart geschaffen wird und dass jene durch die Leiden und Leidenschaften, die ihn bewegen, Wahrheit und Prägnanz erhält. Sein wenn auch nur kurzes Fehlen auf dem leuchtenden Rechteck gibt jedem Ding wieder den Anschein unbeseelter Natur.

Die bescheidenste Geste des Menschen, sein Gang, seine Unschlüssigkeiten und seine Triebregungen, alles verleiht den Dingen ganz von allein Poesie und versetzt sie in Schwingung. Jede andere Lösung dieses Problems wird mir immer wie ein Angriff auf die Wirklichkeit erscheinen, auf die Wirklichkeit, wie sie sich vor unseren Augen abspielt: von Menschen geschaffen und von ihnen fortwährend umgestaltet.

Der Diskurs ist eben erst angedeutet; ein Regisseur, der seine Vorstellungen und Absichten in nur einem Film erproben konnte, ist wohl kaum in der Lage, etwas Endgültiges zu sagen.

Wenn ich aber meine Haltung ohne Umschweife zusammenfasse, möchte ich abschließend sagen (wie so oft wiederhole ich mich gern): Ich könnte einen Film vor einer Mauer drehen, wenn ich die Merkmale des wahren Menschseins der vor das nackte Bühnen-Element gestellten Menschen zu finden wüsste: sie wiederfinden und von ihnen erzählen.

Übersetzt von Carola Jensen

Helmut Griem

Der Wein auf der Tafel

Ich erinnere mich an den Tag, als wir in Cinecittà die große Tafelszene im Speisesaal drehten. Jene Szene zu Beginn, nach der Meldung, dass der Reichstag brennt. Ich habe immer die Angewohnheit gehabt, vor größeren Szenen, die zu drehen waren, ins Studio zu gehen. Schon ganz früh, wenn eigentlich noch niemand im Atelier war, bin ich herumgestrichen, habe die Atmosphäre spüren wollen und mir die Räume angeguckt. So auch an diesem Morgen. Ich war irgendwo im Hintergrund und wollte, glaube ich, schon rausgehen. Alles war bereits gedeckt, die Weinkaraffen usw. Plötzlich kam Luchino, und ich hörte ihn brüllen und toben. Ich dachte, was ist denn jetzt los. Ich wusste, er konnte schnell wütend werden. Schließlich rief er die Requisiteure. Vorsichtig hatte ich mich wieder ins Studio geschlichen. Folgendes war passiert: Luchino hatte den Wein probiert und im hohen Bogen ausgespuckt. Er schrie die Leute an: „Glaubt ihr Idioten, ihr Arschlöcher, dass Leute von der Villa Hügel, von Krupp, euren beschissenen Frascati trinken? Seid ihr wahnsinnig geworden! Mosel muss da rein! Echter Mosel!" Jetzt rannten sie los in die Stadt, in irgendein Delikatessengeschäft, um Moselwein zu holen. Die Schauspieler würden durch den Scheiß-Frascati in ihrer Vorstellungskraft gehemmt, sich beim Bankett einer deutschen Industrie-Dynastie zu befinden. Da müsse Mosel drin sein. Und so geschah es dann auch.

Dann riss er plötzlich verschiedene Schränke auf, stellte fest, dass sie leer waren, und kriegte seinen zweiten Anfall. Die Dekorateure mussten also kostbaren Satin, Bettwäsche und Handtücher holen, denn das musste da drin sein. Obwohl die Schubladen nie geöffnet wurden! Es gibt viele Leute, die gesagt haben: „So ein Quatsch!" Aber ich habe dann immer gesagt: „Nein, nein. Wie das wirkt und wie das in der Szene spürbar ist, das weiß ich auch nicht, aber es ist spürbar!" Dieser Detailwahnsinn von Visconti war keine Marotte, der Raum atmete plötzlich anders.

LA CADUTA DEGLI DEI (1969)
Helmut Griem

Dirk Bogarde

Ich drehte meine erste Szene für Visconti am späten Vormittag. (...)

„Alles, was du tun musst", sagte Visconti ruhig, „ist, die Tür öffnen. Du siehst den bösen Konstantin im Bett mit einem Jungen. Orribile! Orribile! Du schießt. Peng! Peng! Peng! Schaust kurz, ziehst dich zurück, schließt die Tür. Is very easy ... capisci?" Auf seinen Schrei „Actione!" hin riss ich die Tür auf, starrte auf Konstantin und seinen Geliebten, der durch eine große Apfelkiste markiert war, darauf ein Kreide-X ... lieferte meine Schüsse ab und den Blick und ging. Stille. Die Tür öffnete sich. Da stand Visconti, Zigarette in der Hand, mit einem Finger rieb er sich das Kinn. „Du machst das nochmal, diesmal lächelst du, capisci?" Ich wiederholte den Vorgang. Lächelnd ... Ich machte es ‚nervös', ‚skrupellos', ‚hämisch', ‚kalt' und schließlich mit ‚Bedauern' und ‚Schmerz', Tränen liefen mir übers Gesicht. Ich tat, was auch immer er mit seiner leisen Stimme verlangte. Ich öffnete die Tür und erschoss Konstantin und das Kreide-X, seinen Geliebten, auf sechs sehr verschiedene Arten, alles innerhalb von zwölf Minuten. Die Tränen hatten etwas Zeit in Anspruch genommen. Visconti kopierte alle sechs Aufnahmen und machte sich zielstrebig auf den Weg ins Hotel zum Mittagessen. Er sagte nichts. O.k. Ich war also durch und konnte nach Rom zurückkehren. (...)

Ich kehrte nicht nach Rom zurück. Ich blieb und beobachtete ihn bei der Arbeit, um zu sehen, wie er es machte und was er verlangte. (...) Es war eine Erfahrung, die mich völlig gefangen nahm, und so blieb ich während der nächsten drei Wochen an seiner Seite, Tag für Tag, auf einem Segeltuchstuhl.

Übersetzt von Klaudia Ruschkowski

Dirk Bogarde

Der Blick
von Charlotte Rampling

◄ LA CADUTA DEGLI DEI (1969)
Dirk Bogarde

Charlotte Rampling bei den
Dreharbeiten zu
LA CADUTA DEGLI DEI, 1968

Übersetzt von Susanne Vogel

Ich erinnere mich noch, wie überrascht ich war und wie offensichtlich ich es auch zeigte, als Luchino Visconti, während er die Besetzung eines Films durchsprach, für den er mich soeben engagiert hatte, zu mir sagte: „.... und dann will ich dieses englische Mädchen, Charlotte Rampling, für die Rolle der jungen Frau, die ins KZ geschickt wird ...". Alles, was ich damals – vor nunmehr zwanzig Jahren – über Charlotte Rampling wusste, war, dass sie in einer Filmkomödie mit dem Titel GEORGIE GIRL so ein verruchtes kleines Luder im typischen Stil der sechziger Jahre gespielt und damit großen persönlichen Erfolg gehabt hatte. Und so empfand ich sie als ziemlich merkwürdige Besetzung für eine äußerst tragische Rolle in einem düsteren Film über Deutschland in den Wirren der dreißiger Jahre.

„Die Rampling? Warum denn die?", war meine taktlose Frage. Visconti formte Daumen und Zeigefinger beider Hände zu einem Rechteck, rahmte damit seine Augenpartie und sagte: „Das ist der Grund: der Blick."

Und natürlich hatte er, wie immer, Recht. Ich sah den Blick selbst eines Tages. Es war auf dem riesigen Set, das die Krupp-Villa in Essen darstellte. Wir beide, Charlotte Rampling und ich, hörten gerade zusammen mit dem Rest der Film-„Familie" ein Konzert der jüngeren Familienmitglieder, das laut Drehbuch genau zu der Stunde stattfand, als das Reichstagsgebäude in Berlin brannte. Als mitten im Konzert jemand atemlos die Nachricht überbrachte, drehte sich die Rampling jäh zu mir um – mit einem Blick, der voller Schrecken und böser Ahnung war. Und da, in dem Moment, sah ich die Ausdrucksstärke dieser wunderbaren, grünen, angstvoll aufgerissenen Augen. Das ganze Grauen lag in diesem Blick: die ganze Angst einer Frau, die instinktiv begriff, dass ihre Familie verloren war, kam darin zum Ausdruck. Kein Wort, einzig dieser Blick. Er sagte alles.

Viscontis Arbeit mit den Schauspielern

„In einer halben Stunde musst du in den großen Salon herunterkommen, wir trinken dort ein Glas Champagner auf glückliches Gelingen. Die Presse wartet, viele Freunde sind gekommen, um uns Glück und Erfolg zu wünschen. Um zwei Uhr drehen wir die erste Einstellung. Das ist wichtig für die Versicherungsleute. Ciao."

(Visconti) und Mauro verließen den Raum und schlossen die Tür. Ich starrte auf mein zerknittertes Spiegelbild. Ich sah aus wie ein verlotterter Chorknabe, mit Ringen unter den Augen und Rotznase. Mann und Mahler waren nie zuvor so weit von mir entfernt.

„Was soll ich machen?" Erleichtert hörte ich, dass ich wenigstens den Stimmbruch hinter mir hatte.

„Schwierig. Du musst nochmal ganz von vorn anfangen."

„Ich glaube, mir bleibt eine halbe Stunde."

„Dann musst du dich eben beeilen. Denk dich in ihn hinein."

„Ich sehe aber nur aus wie ich selbst. Alle werden Mahler erwarten, deshalb sind sie gekommen."

Forwood kramte in einer kleinen Schachtel mit Schnurrbärten, die Mauro in seinem Kummer liegen gelassen hatte. Wahllos hielt er mir einen hin. Ich klebte ihn an; er war buschig, gräulich, Kipling. Aus einer anderen Schachtel mit Knöpfen, Sicherheitsnadeln, Haarspangen und einigen verstreuten Glasperlen fischte er einen reichlich verbogenen Kneifer, an dem ein dünnes Goldkettchen baumelte. Ich schob den Hut auf den Hinterkopf, schlang einen langen beigefarbenen Wollschal um den Hals, nahm einen Gehstock aus einem Berg von Sachen, borgte mir den Gang meines Großvaters väterlicherseits, setzte schwerfällig mit den Absätzen auf, ohne die Knie zu beugen, und fing an, langsam durch den Raum zu gehen, Runde um Runde,

Dirk Bogarde

„Alle werden Mahler erwarten"

MORTE A VENEZIA (1971)
Luigi Battaglia, Dirk Bogarde

MORTE A VENEZIA (1971)
Dirk Bogarde, Björn Andresen ▶

56 Viscontis Arbeit mit den Schauspielern

wobei ich mich von mir selbst entleerte, Schmerz und Traurigkeit dachte, Verwirrung und Alter, Angst und den Schrecken, in Einsamkeit zu sterben. Ich wollte, dass Aschenbach sich näherte und in das Vakuum schlüpfte, das ich zu seinem Empfang schuf.

Und er kam, nicht plötzlich, sondern in kleinen Schritten ... er brachte das Gewicht seines Alters mit sich, die Reizbarkeit seiner Einsamkeit, die Müdigkeit seines kranken Körpers, und steif ging er hinaus auf den langen, langen Korridor, der zu der breiten Treppe führte, schweren Schrittes setzte er den Stock fest auf, um Vertrauen zu gewinnen, des anschwellenden Gewirrs von Stimmen und Gelächter war er sich ängstlich bewusst, ein Anflug von Tränen hinter seinem glitzernden, drückenden Kneifer. Auf dem oberen Treppenabsatz hielt er plötzlich inne, eine zitternde Hand ergriff das kalte Mahagonigeländer, er versuchte seine herabhängenden Schultern zu spannen, was seine lähmende Schüchternheit noch unterstrich; dort unten die Halle schien gedrängt voll mit Menschen zu sein, die er nicht kannte und nie zuvor gesehen hatte. Arroganz beschlich ihn; vorsichtig, fest, nicht mehr länger zitternd, begann er zu ihnen hinunterzugehen, den Kopf so hoch erhoben wie möglich, die Beine ganz steif, sacht berührte er den Handlauf zur moralischen Unterstützung. Plötzlich verstummte die Menschenmenge in dem Raum. Gesichter drehten sich rasch zu ihm empor, rosige reglose Scheiben. Er stieg langsam weiter hinab und gestattete sich das ausdrucksloseste Lächeln deutscher Überlegenheit. Aus weiter Entfernung hörte er auf einmal Viscontis Stimme, die das nahezu unerträgliche Schweigen brach. „Bravo! Bravo!", schrie es. „Schaut, schaut, ihr alle! Schaut! Hier ist mein Thomas Mann!"

Übersetzt von Klaudia Ruschkowski

Donnerstag, 19. Februar 1970 Herrlicher Tag, sehr kalt – heiter. Ich beginne um 10 Uhr. Battelli fährt ab. 12 Mütter gesehen, von denen 2 nicht schlecht sind. Probeaufnahmen Nino (Cristiani). Nachmittags 28 Jungen gesehen. Einer äußerst beeindruckend in vielerlei Hinsicht. Ein wenig hochgewachsen, aber ein sehr interessantes und geheimnisvolles Gesicht. Könnte gut gehen. Zwischen dem antiken (Wagenlenker) von Delphi und einem Burne-Jones. Ich entschließe mich, nach Helsinki zu fahren – aber übers Meer. Mich lockt die Schiffsreise zwischen den Eisschollen.

Freitag, 20. Februar 1970 Morgens im Technischen Museum, wo aber heute kein großer Andrang von Kindern war. Dann ins Museum mit Nando (Scarfiotti). Nachmittags den Jungen wiedergesehen mit zwei möglichen Müttern. Fotografiert. H. (Berger) gegrüßt, der morgen von N.Y. nach Los Angeles aufbricht, wir morgen früh nach Helsinki. Abends den Film ANNA KARENINA, nicht geglückt. Samoilova (...) und plump –

Visconti findet Tadzio

Aus Viscontis Agenda

Als ich das Zimmer betrat, voll mit Menschen, hatte ich nicht den geringsten Zweifel, wer der Regisseur ist. Er saß auf einem Diwan, ein großer Mann, mächtig wie ein Bär, eine Autorität, er hatte es nie nötig, die Stimme zu heben. Er bat mich, mich zu bewegen, und hat mir dann die Erzählung von Thomas Mann zu lesen gegeben. Ich war argwöhnisch, wusste nichts davon, denn meine Familie ist keine von Intellektuellen, ich dachte zuerst, dass es sich um etwas Pornografisches handele. (...) Er verhielt sich nicht wie ein Maestro, er hat mir beigebracht, meinem eigenen Instinkt zu vertrauen, meiner Intuition, um die Figur zu entwickeln. In seinem Verhältnis zu mir zeigte er sich als der wahre Aristokrat, der er war: liebenswürdig, aber distanziert.

Björn Andresen

Über die erste Begegnung in Stockholm
(1988)

Übersetzt von Klaudia Ruschkowski

Helmut Berger

„Luchino kannte kein Pardon"

◄ Luchino Visconti und Björn Andresen bei den Dreharbeiten zu MORTE A VENEZIA, 1970

LUDWIG (1973)
Helmut Berger

Die tragische Geschichte um den Bayernkönig ist hinlänglich bekannt. Ich lernte wie verrückt für meine Rolle, mit der mich Luchino noch viel berühmter machte und mit der ich mich bis heute identifizieren kann.

Vor und während der Dreharbeiten konnte ich nur schlecht schlafen. Alles wirbelte durcheinander. (...) In meinen Träumen und irgendwann auch im richtigen Leben wurde ich Ludwig. Wirklich. Gewisse Ähnlichkeiten lassen sich ja auch nicht abstreiten. Meine tiefe Angst vorm Leben, die große Einsamkeit inmitten einer Menschenmenge, diese Selbstbeobachtung während der verhassten (Regierungs-) Geschäfte, das Gefühl, von den anderen einfach nicht verstanden zu werden. Und die hohe Sensibilität für Schönheit, Kunst, Kultur. Das alles lebe ich selbst. Ich musste mich nicht verstellen, aber Luchino forderte auch hier meine gesamte Kraft.

Er trieb mich zu schwärmerischen Begeisterungsstürmen vor der Kamera gegenüber Richard Wagner, obwohl ich den nach meiner ausgiebigen Pflichtlektüre überhaupt nicht mehr ausstehen konnte. Aber meine private Einstellung hatte mit der Profession nichts zu tun. Weiter, weiter, weiter, trieb mich mein Meister an. Noch ehrlicher, noch direkter, zeige deine Liebe und Hingabe an diesen Komponisten, in dessen Musik sich der König mit all seiner Wesensart wiederfindet. Ich war fix und foxi. Wenn ich Romy Schneider nicht gehabt hätte, wäre ich verzweifelt. (...)

Die Haut meiner Seele, meines Körpers und auch die meines Geistes war hauchdünn. Sie spannte sich unter dem Eindruck dieser widersprüchlichen wundervollen Persönlichkeit von Ludwig. Luchino kannte kein Pardon, wusste aber auch intuitiv, wann unsere psychischen und physischen Grenzen erreicht waren. In den Momenten war er ganz der liebende Vater, der uns einhüllte in seine ruhige Gelassenheit und große Selbstsicherheit – bis zur nächsten Szene.

Viscontis Arbeit mit den Schauspielern

Dann kam LUDWIG mit meiner Rolle des Grafen Dürckheim. Beispielsweise jene Szene, als ich den König retten will. Das war, auch vom Drehen her, eine wunderbare Geschichte; muss ich erzählen. Also, Luchino Visconti, Helmut Berger und ich waren allein in diesem Raum, und er sagte: „Spielt mir die Szene mal vor! Nehmt euch den Raum! Bewegt euch, setzt euch, steht auf und geht rum!" Dann haben wir die ganze Szene vorgespielt und probiert. Neben Luchino war nur noch das Skriptgirl dabei, wie bei einer Probe im Theater. Dann fing er an, das Ganze zu ordnen, die Szene zu arrangieren und meinte: „Das war gut, als du dich da auf den Sessel gesetzt hast, das behalten wir bei. Aber da, das machen wir so, und hier möchte ich noch einen Gang und dort muss Ruhe sein." Dann haben wir das wieder und wieder probiert, wie am Theater. Nach ein, zwei Stunden des Probierens sollte der Kameramann Armando Nannuzzi kommen. Luchino sagte: „Pass mal auf, setz dich hin, die spielen dir jetzt eine Szene vor!" Nachdem wir die Szene vorgespielt hatten, meinte er: „So, ich möchte diese Szene mit zwei Mitchells (schweren amerikanischen Studiokameras für das Breitwandformat Panavision) und einer Arri gleichzeitig drehen. Es bleibt, was wir hier probiert haben und die Schauspieler jetzt spielen. Das fotografierst du mit allen Kameras gleichzeitig, ohne dass die unterbrechen müssen. Ich will keine Großaufnahmen und keine Einstellungen nachträglich drehen, sondern ich will alles komplex haben. Wie lange brauchst du für das Licht?" Nannuzzi: „Einen ganzen Tag!", worauf Luchino entgegnete: „Hast du! Wiedersehen! Für heute fertig!" Und dann haben wir das Ding ohne zu unterbrechen gedreht. Wir haben diese ganze Szene wie auf dem Theater durchgespielt. In der gleichen Stimmung und Eindringlichkeit zu bleiben, ist für uns Schauspieler oft schwer. Luchino wusste das. Er war eben auch Theaterregisseur.

Helmut Griem

„Nehmt euch den Raum!"

Ruggero Mastroianni
Über den Schnitt (1992)

Visconti hatte beim Schnitt viele Auswahlmöglichkeiten, da er immer mit drei Kameras gleichzeitig drehte. Trotzdem war der Rhythmus der Filme durch die Schauspielführung bereits vorgegeben. Als ich an LA CADUTA DEGLI DEI arbeitete, waren 80 Prozent der Einstellungen bereits in der richtigen Länge. Mir lagen Rhythmen vor, die ich, auch wenn ich damit nicht einverstanden gewesen wäre, nicht mehr hätte beeinflussen können. Es war nur ein bestimmter Schnitt möglich.

Romy Schneider

Aus dem Tagebuch

23. Januar 1972
Drehbeginn von LUDWIG in
Bad Ischl.
Ich werde diese Rolle, den Charakter
dieser Frau zum erstenmal wirklich
spielen ...
Visconti hat als einziger die Sissi
historisch authentisch porträtiert.
Ich könnte jetzt glatt den ganzen Film
lassen und drei Wochen mit dem
Pferd Lola durch die Gegend reiten!

Mai 1974
(...) Ich habe vier Lehrer: Visconti,
Welles, Sautet und Zulawski.
Der größte ist Visconti. Er hat mir
beigebracht, was er allen beibringt,
die mit ihm arbeiten, nämlich seine
Art, die Dinge auf die Spitze zu
treiben, seine Disziplin. (...)

23. April 1981
(...) Als junges Mädchen saß ich am
liebsten im Zimmer von meinem
Vater, der ja nicht mehr im Haus war,
der meine Mutter verlassen hatte,
da war ich ganz allein. Ich habe so
etwas wohl immer gesucht und
suche es noch.
Ich hatte es sogar ein paar Jahre lang
mal gefunden. Das war bei Visconti.
Er war eine Kraft für mich. Ich war
verliebt in ihn, aber ich habe damals
nicht begriffen, daß er auch in mich
verliebt war, auf seine Art. Jeder
wußte, er ist homosexuell, und ich
hielt mich dran und hätte nie gewagt,
ihm zu sagen, daß ich ihn liebe. Jetzt
ist es zu spät. (...)

◀ LUDWIG (1973)
Helmut Griem, Helmut Berger

Luchino Visconti und
Romy Schneider bei den
Dreharbeiten zu LUDWIG, 1972

Viscontis Arbeit mit den Schauspielern

Giorgio Strehler

Visconti
(1996)

Die außergewöhnliche und vielseitige Persönlichkeit von Luchino Visconti in einem Satz zu charakterisieren, halte ich für unmöglich. Das war es schon in den fünfziger und sechziger Jahren, als er lebte, und umso mehr heute, zwanzig Jahre nach seinem Tod. Wir waren Freunde, Freunde und Kollegen. Wir trafen uns selten, denn grundsätzlich war jeder von uns mit der eigenen Suche beschäftigt, einen Weg zu finden, um Theater zu machen – in seinem Fall auch Kino ... Wir waren durch die Milieus getrennt, durch die beruflichen Entscheidungen, gewiss, aber uns verband dieselbe große Liebe zu unserem Handwerk und derselbe Wille, unser Bestes zu tun, das Möglichste zu geben, um etwas in der Welt zu verändern, in der wir lebten. Wenn es geschah, dass wir uns trafen, war es eine große Freude, fast ein „sich begegnen und wieder begegnen". Er war ein großer Handwerker, ein großer Arbeiter, mit den Händen, mit dem Kopf, vor allem aber durch seine außergewöhnlich charismatische Präsenz. Seine Aufmerksamkeit, sein menschliches Interesse für das, was er tat, und für diejenigen, die mit ihm an seinen Projekten arbeiteten, hat sicher bewirkt, dass Visconti unter anderem einer der größten „Schauspieler-Macher" der Nachkriegszeit gewesen ist. Aus jedem Schauspieler konnte er Qualitäten und Werte herausschälen. So hat er eine enorme Zahl von Theater- und Filmleuten „erfunden", Menschen, die von ihm hervorgebracht wurden, die von ihm in einem Bild fixiert wurden, das dann für alle zugänglich war. Luchino liebte die Schauspieler sehr: Jenseits seiner Wutausbrüche, die letztlich allzu sehr von einer bestimmten Skandalpresse zelebriert wurden, war er fähig, Zuneigung, Liebe für seine Schauspieler zu empfinden. Aber nicht allein für sie. Die Fähigkeit zu schaffen, mit Leben zu erfüllen, betraf jeden Aspekt seiner Arbeit: Nur Visconti konnte eine mittelmäßige Novelle von Boito in ein zeitloses Meisterwerk wie SENSO verwandeln. Und das, weil Luchino seinem ganzen Wesen nach ein sehr großzügiger Mensch war. In einer Welt, die sich mit jedem Tag in immer kälterer Unbarmherzigkeit und Einsamkeit zu verschließen scheint, war er stets bereit, uns junge Regisseure von damals, in den vierziger und fünfziger Jahren, zu ermutigen und zu unterstützen. Ich erinnere mich, dass er 1946, nach meiner Premiere von *Caligula*, meiner zweiten Theaterregie, und zu einer Zeit, als er bereits OSSESSIONE gedreht und viel Theater gemacht hatte, von mir und meiner Arbeit in warmherzigen Worten sprach. Ohne einem anderen jemals Lektionen erteilen zu wollen, war Visconti ein großer Lehrer und gleichzeitig fähig zuzuhören, zu suchen, zu lernen. Aufmerksam gegenüber seiner tiefen Inspiration, gegenüber dem, was er in sich trug, konnte er mit Leichtigkeit vom Kino zum Theater wechseln, zur Musik, zur Oper. Er folgte seiner eigenen Eingebung und liebte weder Strukturen noch Institutionen. Wenn es etwas gibt, von dem ich sagen könnte, dass ich ihn darum beneide, so ist das die große *Chance* der Begegnung mit Maria Callas, einer Begegnung, die sie mir verwehrte ... Heute befinden wir uns von Neuem in einer Krise und ich bin sicher, dass sich Luchino nicht gut gefühlt hätte, so wie auch ich mich nicht gut fühle, wie sich andere wie wir nicht gut fühlen. Wenn ich an jene großen Momente denke, an seine Inszenierungen des Melodramas, empfinde ich Sehnsucht, aber keine Ergriffenheit. Das ist ein Zeichen dafür, dass etwas nicht läuft, wie es sollte, dass wir vielleicht eine neue künstlerische Revolution brauchen. Aber Viscontis Lektion bleibt – ein großes Erbe, das wir alle teilen.

Übersetzt von Klaudia Ruschkowski

Alberto Moravia

LA CADUTA DEGLI DEI
(*L'Espresso,* 26.10.1969)

Alberto Moravia über die deutsche Trilogie

LA CADUTA DEGLI DEI (anstatt ‚Der Fall der Götter' hätte der Film als Hommage an Wagner „Götterdämmerung" heißen sollen) erzählt ziemlich genau die Geschichte des Shakespeare'schen *Macbeth*. Wie in *Macbeth* lodert auch in Luchino Viscontis Film die Leidenschaft zur Macht auf – im geschlossenen Kreis einer deutschen Großindustriellenfamilie, der von Essenbecks, und sie führt zuerst zum Mord am alten Joachim (d. i. König Duncan) durch die Hand des ehrgeizigen Friedrich Bruckmann (d. i. Macbeth), dem Geliebten der Sophie (d. i. Lady Macbeth), der Witwe eines im Ersten Weltkrieg gefallenen von Essenbeck. Bruckmanns zweites Opfer ist Konstantin von Essenbeck (d. i. Banquo), den der alte Joachim als seinen Nachfolger vorgesehen hatte. Bruckmann, der Usurpator, befindet sich auf dem Höhepunkt seiner Macht. Aber er hat nicht mit Martin gerechnet (d. i. einer der Söhne von Duncan), der zunächst feige und pervertiert ist, sich dann langsam aufschwingt und ihn am Schluss zusammen mit Sophie, der eigenen Mutter, in den Tod schickt, um endgültig als Erbe auf dem Sessel des Konzernchefs Platz zu nehmen.

Visconti vollzieht mit großem Engagement und tiefer Ernsthaftigkeit eine kühne kulturelle Kontamination, indem er diese enge, renaissancehafte Familienaffäre in den historischen Kontext des Nazismus stellt, der Teil eines sehr viel größeren Dramas ist, das wenig zu tun hat mit dem Shakespeare'schen Humanismus. Die vielen Verbrechen, die die Familie von Essenbeck dezimieren, geschehen auf Anstiftung und mit Hilfe von Hitlers SS, deren Vertreter im Familienklan der schwarz gekleidete Offizier Aschenbach ist. Er ist es, der Bruckmann zum Mord an Joachim treibt; er ist es, der in Bruckmanns Auftrag Konstantin beseitigt, der eine Politik gegen das Heer und für die SA begünstigt. Die Verpflanzung des Shakespeare'schen Dramas nach Hitlerdeutschland erfolgt mithilfe von zwei bezeichnenden Vermittlern: auf der einen Seite Wagner, das heißt der Künstler, der den bürgerlichen Dekadentismus der wilhelminischen Ära in melodramatische Beredsamkeit verwandelt hat; auf der anderen Seite Thomas Mann, der diesen Dekadentismus bis zu einem gewissen Grad kritisch dargestellt hat.

Shakespeare, Wagner, Mann also. Und nicht zu vergessen Dostojewskij in der Episode mit dem kleinen jüdischen Mädchen, das sich nach der Verführung durch den sadistischen Martin erhängt. Diese Namen, die alle der kulturellen Epoche angehören, die den Sozialwissenschaften vorausging, das heißt die alle auf verschiedene Weise gefeiert werden, weil sie uns den Menschen zeigen, wie er sein sollte und nicht, wie er ist, sie lassen uns verstehen, warum Visconti letztlich keinen Film „über" den Nazismus gemacht hat, auch wenn es ein Film „gegen" den Nazismus ist. Dieser wird völlig richtig in seiner Beziehung zum Dekadentismus gesehen, auch wenn er die heroische Maske behält, die ausgerechnet der Dekadentismus ihm seinerzeit verfertigt hatte. Visconti konnte oder wollte ihm diese Maske nicht abreißen, er konnte oder wollte nicht dessen wahres, dessen kleinbürgerliches Gesicht zeigen, das entfremdete der Nazi-Subkultur. Visconti weiß zum Beispiel sehr genau, denn er hat die europäische Tragödie in der Zeit zwischen den Weltkriegen unmittelbar erlebt, dass Individuen wie Aschenbach gerade keine satanischen und machiavellistischen Figuren wie Jago waren, sondern mittelmäßige und gerade wegen ihrer Mittelmäßigkeit monströse bürokratische Roboter wie Himmler. Nichtsdestotrotz ähnelt Aschenbach eher Jago als Himmler. Anderseits, wenn der Eindruck zutreffend ist, dass in den Essenbecks die Krupps angedeutet sind, dann muss man sagen, dass gerade Letztere, wie auch die Thyssens und viele andere, sich weder vor noch nach dem Nazismus aufgelöst haben. Sie überlebten ihn unerschüttert, nachdem sie sich

In den großen Jahren des italienischen Films erschienen in der Wochenzeitung *L'Espresso* ab 1957 regelmäßig die Filmkritiken von Alberto Moravia, ein Brennpunkt der kulturellen Debatte.

seiner bedient hatten. Damit sei gesagt, dass man im Film so etwas wie eine Differenz an Wahrscheinlichkeit spürt zwischen dem Teil, der sich der Familie von Essenbeck widmet, und jenem, der uns den eigentlichen Nazismus zeigt. Der erste ist „moralisch" wahrscheinlich, der zweite „historisch". Ein weiterer Widerspruch des Films besteht zwischen der kundigen, genauen und „kritischen" Sorgfalt bei der Rekonstruktion des Ambientes und dem plötzlich einsetzenden Melodrama mit seinen grellen Leidenschaften ohne Nuancen.

Trotzdem hat Visconti seinen aus anderen Gründen besten Film gedreht nach IL GATTOPARDO. Wie immer bei so großartigen Konstruktionen, die den Sinn einer Epoche ganz mit lyrischem Impetus ausschöpfen wollen, ohne Rückgriff auf aufklärerische Analysen, sind in LA CADUTA DEGLI DEI gerade jene Sequenzen die stärksten, in denen der Regisseur von sich selbst spricht oder seine Gefühle ganz unvermittelt ausdrückt. Wir erwähnten schon die eindringliche Rekonstruktion des Ambientes. In Erinnerung gerufen seien aber auch Joachims Beerdigung, wegen der Schönheit der Effekte und der Intensität der Atmosphäre, und die Szenen mit dem kleinen jüdischen Mädchen, dies mit dem Vorbehalt, dass es sich hierbei um eine Episode à la Dostojewskij handelt. Mit dem bewegendsten und freiesten Lyrismus jedoch hat sich die Phantasie Viscontis in jenen Episoden entzündet – und die logische Konsequenz ist ein stärkerer Zugriff auf die Wirklichkeit –, die das Massaker der SA und den Inzest zum Gegenstand haben. Bei der ersten Episode handelt es sich um die so genannte „Nacht der langen Messer", die Ermordung der SA durch die SS, verübt auf Befehl Hitlers in einem bayerischen Kurort.

Es ist eine historische Begebenheit aus den Anfängen des Nazismus, 1934; damals sagte man, dass Röhm, Chef der SA, mit einem jungen Anhänger im Bett entdeckt worden sei, dass man ihm nach dem Gesetz der Ehre den Selbstmord vorgeschlagen habe und dass er aufgrund seiner Weigerung zusammen mit zahlreichen Anhängern erschossen wurde. Diese sehr schöne Sequenz, fast ein Film im Film, besitzt die trübe und grausame Authentizität des Dekadentismus: Jeder ist so authentisch, wie er kann und sein muss. Die andere lyrische Episode des Films ist, wie gesagt, die des Inzests. Es wird offensichtlich, dass die sexuelle Beziehung zwischen Martin und seiner Mutter nicht einer Perversion, sondern einem unbewussten Todeswunsch geschuldet ist. Die Einstellung, in der Martin seinen Kopf auf den nackten Bauch der Mutter legt, das Kinn im Schoß und die Stirn auf dem Nabel, bedeutet hier die Gier, erneut in den mütterlichen Schoß zugelassen zu werden, beziehungsweise den sehnsüchtigen Wunsch, nie geboren worden zu sein. Und tatsächlich „stirbt" Martin kurz darauf, das heißt er hört auf, moralisch zu existieren, wenn er mit dem gestreckten Arm des Nazigrußes die Leichen von Bruckmann und seiner Mutter grüßt.

Visconti hat aus seinen Schauspielern verschiedene Arten der Rezitation herausgeholt. Am stärksten filmisch und am wenigsten melodramatisch sind Dirk Bogarde, der zweideutige Bruckmann, und Charlotte Rampling, die in ihrer Rolle als Elisabeth perfekt ist. Helmut Berger, der unerwarteten Entdeckung in diesem Film, kommt zugute, dass er die einzige Figur verkörpert, die eine vollständige Entwicklung, eine Geschichte durchläuft. Neben diesen Dreien muss man vor allem Ingrid Thulin erwähnen, die in der Rolle der Sophie besonders im zweiten Teil makaber und unheilvoll hervorsticht, sowohl während des Inzests als auch in der Sequenz ihrer selbstmörderischen Ehe mit Bruckmann: grotesk wie ein Bild von Ensor.

MORTE A VENEZIA
(*L'Espresso*, 14.3.1971)

In *Der Tod in Venedig* von Thomas Mann gibt es einen scheinbaren Widerspruch, den man beleuchten sollte, bevor man von dem Film spricht, den Luchino Visconti daraus gemacht hat. Im Buch wird uns Gustav Aschenbach als ein „integrierter" und überdies wahrscheinlich mittelmäßiger Schriftsteller vorgestellt. Zu seinem fünfzigsten Geburtstag vom Kaiser in den Adelsstand erhoben, Autor unter anderem der Erzählung *Ein Elender,* die „einer ganzen dankbaren Jugend die Möglichkeit sittlicher Entschlossenheit" zeigte, scheint Aschenbach wirklich kein Nietzsche zu sein und kein Strindberg, die seine Zeitgenossen waren und letztlich nach ihrer Überzeugung „gehandelt" hatten; eher gehörte er zu jenen bürgerlichen Intellektuellen am Ende des Jahrhunderts, die im Grunde nicht wussten, dass sie vom Dekadentismus angesteckt waren. Aschenbach hat nie nach den dekadenten Wertvorstellungen „gehandelt", die er mit Abscheu zurückwies; er „handelte" immer gut bürgerlich konservativ. So bleibt das Drama Aschenbachs bis zum Schluss das eines Zusammenbruchs nicht so sehr der intellektuellen als vielmehr der ethisch-sozialen Wertvorstellungen und ist im Grunde gar nicht sehr verschieden vom Drama des Gymnasialprofessors im BLAUEN ENGEL. Die Cholera, die an einem so alten Sitz der europäischen Kultur wie Venedig ausbricht, symbolisiert folgerichtig den Ausbruch der tödlichen Krankheit des Ästhetizismus in einem den traditionellen Werten verpflichteten Geist. Die kulturellen und intellektuellen Rechtfertigungen, die Aschenbach sich gibt, um sich seiner Leidenschaft hingeben zu können, täuschen weder die Romanfigur, die am Ende die Homosexualität als das akzeptiert, was sie ist, und noch weniger Thomas Mann, der auf das Drama mit dem ironischen Abstand dessen schaut, der die Geschichte einer verhängnisvollen Periode der europäischen Kultur schreibt.

Luchino Visconti duldete diesen Widerspruch nicht, diesen schließlich zentralen Widerspruch der gesamten Kultur der Zeit, und hat ihn beseitigt. Er ließ den Mann'schen Aschenbach fallen, den integrierten Schriftsteller, und machte aus ihm von Anfang an einen Ästheten, einen großen Intellektuellen, einen berühmten Musiker, in dessen Figur der österreichische Komponist Gustav Mahler angedeutet ist. So ist das Drama Aschenbachs nicht mehr das eines Mannes der bestehenden Ordnung, der plötzlich erkennt, dass er homosexuell ist, und der seine Leidenschaft mit den Argumenten des dekadenten Ästhetizismus zu rechtfertigen sucht, sondern es ist das Drama eines keineswegs bürgerlichen Musikers, der mit einem rein intellektuellen Widerspruch zu kämpfen hat. Anders ausgedrückt: Das Drama des Mann'schen Aschenbach ist ethisch-sozial; das des Visconti'schen Aschenbach ist kulturell-intellektuell. Der Unterschied wiederholt sich auch auf der Ebene der beiden Autoren. Mann ist der Moralist und Historiker des europäischen Dekadentismus; Visconti hingegen ist ein Ästhet, der ohne weiteres eine Mann'sche Figur sein könnte.

Erste Konsequenz dieser Änderung vom Buch zum Film ist, dass das Symbol der Cholera in Venedig seine eigentliche Bedeutung verliert; es wird zum schieren Detail des eindrucksvollen venezianischen Hintergrunds, ohne jeden symbolischen Charakter. Die kommentierende Funktion der Cholera in Venedig wird nun von Rückblenden übernommen, die den intellektuellen Konflikt Aschenbachs, das heißt Mahlers, beleuchten, mit einzigartigen Anleihen bei einem anderen Buch von Thomas Mann, *Doktor Faustus*. So spricht durch den bürgerlichen Aschenbach, der jeden Abend seinen Frack anzieht, um in dem venezianischen Hotel zu speisen, die dämonische Figur des letzten großen Romans von Thomas Mann. Einzigartig, diese Verwandlung.

Seltsamerweise jedoch bleibt trotz dieser Änderung die Kraft der Entsprechung zwischen der venezianischen Cholera und der senilen homosexuellen Schwärmerei Aschenbachs völlig erhalten. Die Rückblenden sind wirkungslos und der Film, einer der besten Viscontis, käme auch ohne sie aus. Es ist wahr, der Aschenbach Viscontis ist nicht der von Thomas Mann; aber die zentrale Frage, nämlich die Leidenschaft des alten Intellektuellen für den polnischen Jungen, bleibt die gleiche. Darum handelt es sich, nicht um die Krise Mahlers. Und in der Tat ist in Viscontis Film alles, was sich auf die eine oder andere Weise auf die homosexuelle Versuchung bezieht, auch wenn sie durch Ästhetizismus gerechtfertigt wird, gültig und wirkungsvoll.

Wenn Visconti, was sein Recht war, sich Freiheiten gegenüber dem Mann'schen Text nehmen musste, wäre es vorzuziehen gewesen, und das ist unser einziges Bedauern, er hätte sie sich nicht auf der intellektuellen, sondern auf der psychologischen Ebene genommen, indem er vielleicht ein „realeres" Verhältnis zwischen Aschenbach und Tadzio erfunden hätte.

Doch die Grenze, die Mann diesem Verhältnis gesetzt hat, wurde zu Recht von Visconti respektiert. Es ist dieser Grenze zu verdanken, wenn Aschenbach uns ergreift in seinem vergeblichen Kampf gegen die moralische Cholera, die ihn bedrängt. Aber auch aus anderen Gründen ist Viscontis Film stark. Visconti verfügt über eine fast krankhafte Fähigkeit, emblematische Szenerien der Vergangenheit zu rekonstruieren. Man erinnere sich an den Ball im Film IL GATTOPARDO. In MORTE A VENEZIA muss man sich die meisterliche Rekonstruktion der Räumlichkeiten des Hotels und des Strandes vom Lido anschauen. Man hat in diesem Zusammenhang sogar von Cinéma Vérité gesprochen. Ich würde sagen, es ist etwas anderes. Visconti erreicht in diesen Beschreibungen gestorbenen Lebens eine seltsame Intensität, die zugleich kontemplativ und schmerzlich bewegend ist. Wie eine Proust'sche Suche nach der verlorenen Zeit.

Neben diese „Besuche in der Vergangenheit" muss man, wie gesagt, die Beziehung zwischen Aschenbach und Tadzio stellen, die im Film, mehr noch als im Buch, den erklärten Charakter einer erotischen Versuchung annimmt, vielleicht weil das Bild immer genauer ist als das Wort. Um offen zu sein, die Wahl von Dirk Bogarde, der sehr gut spielt, überzeugt uns nicht völlig. Bogarde ist zu gesund und zu jung, während unserer Ansicht nach Aschenbach sein müsste wie Venedig, alt und korrupt.

Dieser LUDWIG von Luchino Visconti bildet zusammen mit LA CADUTA DEGLI DEI und MORTE A VENEZIA eine deutsche Trilogie. Ihr wahres Thema ist der europäische Dekadentismus in seinen drei historischen Phasen: der nicht vorhersehbaren Geburt des Dekadentismus aus der Asche der Romantik (LUDWIG); dem verhängnisvollen Überwiegen des Dekadentismus im individuellen Bewusstsein (MORTE A VENEZIA); dem schrecklichen und gescheiterten Versuch, in der Art Nietzsches die negativen Werte des Dekadentismus in positive soziale und politische Pseudowerte umzumünzen (Hitler). Das alles mag sicherlich ein bisschen schematisch klingen. Aber man muss hinzufügen, dass es sich um ein Schema handelt, das heute, im Nachhinein formuliert wird. In Wirklichkeit entstand die Trilogie aus einer „Sympathie" Viscontis für die Atmosphäre des Dekadentismus, aus seiner fast musikalischen Intuition für die dekadente Lebensauffassung und schließlich aus einer unmittelbaren, sowohl sozialen als auch individuellen Erfahrung der dekadenten Psyche.

Wie hat Visconti das Leben Ludwigs II. von Bayern erzählt? Visconti hat gespürt, dass Ludwig mit seinem Tod (für verrückt erklärt und zur Abdankung gezwungen, bewog Ludwig den Psychiater, der ihn behandelte, zu einem Spaziergang am See, riss ihn mit sich ins Wasser und ertrank mit ihm) sozusagen eine rätselhafte Botschaft lancieren wollte. Er konstruierte den Film als eine Untersuchung, die, soweit überhaupt möglich, die Botschaft entschlüsseln sollte. So wird uns das Leben sprunghaft und mit Brüchen erzählt; zahlreiche Rückblenden, die nach und nach die Persönlichkeit beleuchten, wechseln mit Großaufnahmen von Figuren, von denen man annimmt, sie könnten uns direkte Informationen über die Angelegenheit liefern.

Das Thema des Films ist also der Tod von Ludwig. Warum hat er sich umgebracht? War er wirklich verrückt? Oder war er nur nicht „angepasst"? Seltsamerweise, fast absichtslos, scheint der Film in den verschiedenen Episoden, als da sind: die Krönung, die Liebe zu Elisabeth von Österreich, die Beziehung zu Wagner, der Versuch, Sophie, die Schwester Elisabeths, zu heiraten, Ludwigs Politik gegenüber Preußen

LUDWIG
(*L'Espresso,* 18.3.1973)

und Bismarck, seine immer offenere und hemmungslosere Homosexualität, seine Abdankung und sein Selbstmord, seltsamerweise, sagten wir, scheint der Film den Wahnsinn von der Figur Ludwig auf die Gesellschaft zu verschieben, die Ludwig umgibt und der er sich widersetzt. Anders ausgedrückt: In Viscontis Film gewinnt Ludwig langsam die melancholischen und weisen Züge eines kleinen Hamlet, eines Ästheten und Homosexuellen, der sich mit einer zuerst aristokratischen, dann bürgerlichen Gesellschaft herumschlägt, die tatsächlich verrückt ist vor Formalismus, Etikette, Spießertum, repressivem Wohlverhalten, interessierter Heuchelei und so weiter. Aber die dekadente und krankhafte Weisheit Ludwigs gelangt nie zu intellektueller Klarheit und zu intellektuellem Bewusstsein wie bei Hamlet, vielleicht weil Hamlet eine erfundene Figur ist, während Ludwig die Grenzen und Trübungen einer historischen Person aufweist. Die Hamlet'sche Seite Ludwigs erschöpft sich negativ in der Rebellion gegen den aristokratischen und bürgerlichen Konformismus; sie findet keinen Ausdruck als rächende Wahrheit, auch nicht als Paradox. Nur zwei Mal – in der Beziehung zum Schauspieler Kainz, vielleicht die schönste Episode des Films, und im Zusammenstoß mit den Bürgern, die ihn zur Abdankung zwingen, was mit seinem Selbstmord-Mord endet – scheint Ludwig die Weisheit in seiner Verrücktheit zu entdecken und so zu werden, wie ihn Visconti wahrscheinlich gerne gehabt hätte: ein verlorener Intellektueller inmitten einer vulgären Menge von Konformisten, Intriganten und Kriechern. An anderen Stellen gewinnen die biografischen Elemente, die angesichts der These des Films unumgänglich sind, die Oberhand, auch wenn sie, wie in der Episode mit Elisabeth, wenig bringen. Während diese Elemente es Visconti ermöglichen, sein außerordentliches Talent bei der Rekonstruktion und beim detaillierten, geradezu didaktischen Beschwören von historischen Schauplätzen und Atmosphären unter Beweis zu stellen, fügen sie der Figur nichts hinzu, so dass sie am Ende vielleicht weniger aussagt, als sie könnte.

Jedenfalls ist der ganze Film in eine Hamlet'sche Stimmung getaucht, melancholisch, verdämmernd, bizarr, krankhaft, schicksalsschwer. Es überwiegen Innenaufnahmen, bei denen die Personen aus einem dunklen und letztlich theatralischen Hintergrund groß hervortreten. Auch die Natur wird zur psychologischen Beeinflussung herangezogen: Schneelandschaften, eiskalte metallische Seen, feierliche und einsame Parkanlagen. Visconti hat sehr darauf geachtet, die Homosexualität Ludwigs nur als einen Aspekt zu zeigen unter den vielen, die seine Nichtanpassung ausmachen. Daher die Nüchternheit und Zartheit der Liebesszenen. Vielleicht wäre Ludwigs Ende eine gute Gelegenheit gewesen, die erfundene Figur, die sich in der historischen Persönlichkeit verbirgt, näher zu fassen. Aber der Regisseur hat es vorgezogen, das Geheimnis zu respektieren und die Geschichte mit einer sehr wirkungsvollen, aber nicht wirklich dramatischen Szene abzuschließen.

Das Spiel von Helmut Berger ist vorbildlich im Ausdruck und in der Nähe zur Figur von Ludwig. Romy Schneider ist eine elegante Elisabeth von Österreich. Trevor Howard gibt in der nicht sehr überzeugenden Rolle Wagners sein Bestes. Silvana Mangano ist eine unvergessliche Cosima. Neben ihnen muss man Umberto Orsini, Adriana Asti, Sonia Petrova, Helmut Griem, Gert Fröbe, Heinz Moog und Mark Burns nennen.

Übersetzt von Peter Kammerer

Werner Schroeter

Der lachende Tod

Statt eines Epilogs

Luchino Viscontis LA TERRA TREMA ist ein wunderschöner Film. Die Wahrhaftigkeit der sizilianischen Laiendarsteller verschafft dem Film die ästhetische Größe eines von El Greco gemalten Gewitters. Die urteilsfreie Gewalt von Natur und Leidenschaft schenkt beiden Sujets selbstverständliche Größe und Glaubwürdigkeit. Jahre später wiederholt Visconti dieses Wunder in schwarzweiß mit dem Aufschrei seines Emigrantenfilms ROCCO E I SUOI FRATELLI. Diesmal mit berühmten Darstellern wie Alain Delon, Annie Girardot, Renato Salvatori, Katina Paxinou, deren Ausdruckskraft und Glaubwürdigkeit derjenigen der sizilianischen Fischer in LA TERRA TREMA in nichts nachsteht.

1971 in New York City: Meine Mitarbeiterin und Freundin Magdalena Montezuma schaut mit mir an einem unerträglich heißen Sommertag in einem kleinen Kunst-Kino Viscontis Film MORTE A VENEZIA an. Wir waren zu dieser Zeit mit der abenteuerlichen Vorbereitung zu unserem Film der TOD DER MARIA MALIBRAN beschäftigt. Ein hypertrophes, surreales Kunstprojekt. Trotzdem wirkte Viscontis venezianischer Todesrausch oberflächlich, arrogant und insgesamt unglaubwürdig. Unglaubwürdig schon die Idee, die Rettung des Lebens durch „Ästhetik" zu erzeugen; hysterische Hüte, pompöse Kleider der Jahrhundertwende, die hoch stilisierten Blicke der Silvana Mangano, das schrecklich theatralisch zerlaufende Make-up von Dirk Bogarde als Konglomerat-Gestalt aus verschiedenen Kunst-Idolen wie Gustav Mahler, Richard Strauss, Thomas Mann selbst. Als triumphale Schlussmusik hätte bloß noch der letzte Satz der 2. Sinfonie von Mahler gefehlt: „Sterben werd' ich, um zu leben!" – Zwei Cognacs später, nach einer Stunde der Lethargie: Viscontis Abenddämmerung im Widerstreit mit N.Y.s tobender, schwüler, grausiger Wirklichkeit. Magdalena und ich beschlossen, ein Konzert von James Brown im Apollo Theater zu besuchen. Wir nahmen ein Taxi nach Harlem, an dessen Grenze wir Fahrer und Taxi wechseln mussten, weil – wie damals üblich – die Borderline zwischen Weiß und Schwarz so massiv war wie ein Betonklotz, zwar unsichtbar, aber doch real, wie eine Rasierklinge in der Wange eines zweifarbigen Menschen. Das war die *Wirklichkeit*, auch für uns. Im Apollo dann das vierstündige rasende Konzert des James Brown: *Sexmachine*. Magdalena und ich: zwei weiße Löcher in einem wogenden schwarzen Meer. Wir hatten es mit New York aufgenommen und gesiegt. Fernab der Welt von Viscontis venezianischem Kunstmodul.

Viele Jahre später, 1998, als ich MORTE A VENEZIA wiedersah, wurde mir meine Albernheit und Ungerechtigkeit gegenüber Viscontis „Dekadenz", hinter der auch hier Größe der Menschendarstellung verborgen ist, erfreulich schnell, ja blitzartig klar.

Venedig ist die Stadt der Sehnsucht, von Glanz, Liebe, genialer Maskerade, tiefen zauberhaften Blicken der Silvana Mangano, aber auch der Ort tödlicher Krankheit. Venedig auf Pfählen gebaut, der Traum des verwunschenen Atlantis; vom Meeresgrund aus betrachtet eigentlich schon eine Stadt der Horizont-, der Wolkenkratzer. So ist doch schon von Grund auf alles überhöht, auch der schwankende Boden der Stege und Brücken, der Gondeln und Paläste. Und hier findet das Drama statt; Aschenbach suchte Kultur, Kunst und Ruhe und muss jetzt auf den Stein der Weisen beißen: das Axiom nicht überlebensfähiger Liebe. Aschenbach verfällt wie wir alle dem unmöglichen Anspruch nach erwiderter Liebe. Dass er alt ist, das Objekt seiner Leidenschaft aber jung, spielt dabei eine untergeordnete Rolle. Die Tatsache des träumenden Begehrens ist ... im Alltag Unmöglichkeit.

Enjoy it or die.

Aschenbach und Tadzio, ein Lahmer und ein Blinder, zogen durch die Welt Venetiens. Aschenbach und Tadzio als Bild (etwas verstörend) von Alter und Jugend, Verblödung und Ignoranz oder auch vice versa. Liebeserklärung eines impotenten Mannes an das entfliehende Bild eines nie selbst gelebten, einem Kunstgedanken geopferten Lebens in Gestalt eines jungen Mannes. Tadzio: Bild, „Imago", Ton, Geruch. – Also doch ein verzweifelter Kampf um die Existenz des idiotischen, allzu menschlichen Satzes von Geheimrat Goethe: „Verweile doch, du bist so schön"! ... und niemals *mein*!

So ist MORTE A VENEZIA der wahrhaftigste, zugleich der Wirklichkeit gegenüber ängstlichste und brutalste Film von Luchino Visconti, aber auch eine letztendlich unglückliche Hommage an die schönen und wirklichen Fischer Siziliens, an Alain Delon und die grandiose Opernarbeit mit Maria Callas an der Scala di Milano, jedoch auch ein Tribut an die so genannte Poesie, „den größten denkbaren kapitalistischen Schwindel", an die schöne Flucht zu fernen Planeten, weit weg von Lächeln und Weinen, ein Weg in die Sucht und Großartigkeit des Scheiterns.

Luchino Visconti
2. November 1906 in Mailand – 17. März 1976 in Rom

Friede seiner Asche,
und dass er lange noch weiterleben möge
in unserer verstörbaren Erinnerung.

MORTE A VENEZIA (1971)
Dirk Bogarde, Björn Andresen

Statt eines Epilogs

Regie: Luchino Visconti ■ Buch und Idee: Nicola Badalucco, Enrico Medioli, Luchino Visconti

Kamera: Armando Nannuzzi, Pasquale De Santis ■ Kameraführung: Nino Cristiani, Giuseppe Berardini, Mario Cimini ■ Schnitt: Ruggero Mastroianni ■ Schnittassistenz: Lea Mazzocchi ■ Ton: Vittorio Trentino ■ Mischung: Renato Cadueri ■ Musik: Maurice Jarre; Willi Kollo: *Nachts ging das Telefon* (1935) ■ Production Design: Pasquale Romano, Enzo Del Prato, Giuseppe Ranieri ■ Spezialeffekte: Aldo Gasparri ■ Kostüme: Piero Tosi, Vera Marzot ■ Maske: Mauro Gavazzi ■ Frisuren: Luciano Vito ■ Regieassistenz: Albino Cocco, Fanny Wessling ■ Skript: Rometta Pietrostefani ■ Standfotos: Mario Tursi

Darsteller: Dirk Bogarde (Friedrich Bruckmann), Ingrid Thulin (Sophie von Essenbeck), Helmut Griem (Hauptsturmführer Aschenbach), Helmut Berger (Martin von Essenbeck), Renaud Verley (Günther von Essenbeck), Umberto Orsini (Herbert Thallmann), René, d. i. Reinhard, Kolldehoff (Konstantin von Essenbeck), Albrecht Schoenhals (Joachim von Essenbeck), Florinda Bolkan (Olga), Nora Ricci (Gouvernante), Charlotte Rampling (Elisabeth Thallmann), Irina Vanka (Lisa), Karin Mittendorf (Thilde Thallmann), Valentina Ricci (Erika Thallmann), Wolfgang Hillinger (Janek), Bill Vanders (Kommissar), H. Nelson Rubien (Rektor), Werner Hasselmann (Gestapooffizier), Peter Dane (Stahlwerksangestellter), Mark Salvage (Polizeiinspektor), Karl Otto Alberty (1. Wehrmachtsoffizier), John Frederick (2. Wehrmachtsoffizier), Richard Beach (3. Wehrmachtsoffizier), Claus Höhne (1. SA-Offizier), Ernst Kühr (2. SA-Offizier), Peter Brandt (3. SA-Offizier), Wolfgang Kühr (SA-Soldat), Esterina Carloni (1. Dienstmädchen), Antonietta Fiorita (2. Dienstmädchen), Jessica Dublin (Kindermädchen)

Produzenten: Ever Haggiag, Alfred Levy ■ Executive Producer: Pietro Notarianni ■ Produktionsleitung: Giuseppe Bordogni ■ Aufnahmeleitung: Anna Davini, Gilberto Scarpellini, Umberto Sambuco, Bruno Sassaroli, Hugo Leeb, Ernst Egerer ■ Produktion: Praesidens Film, Zürich; Pegaso-Italnoleggio, Rom; Eichberg Film, München

Drehzeit: Juli 1968 – März 1969 ■ Drehorte: Oberhausen und Essen, Deutschland; Unterach am Attersee, Österreich; Stahlwerke Terni und Cinecittà, Rom ■ Länge: 156' ■ Format: 1:1.33 ■ Farbe: Eastmancolor

Premiere: 15. Oktober 1969, Rom ■ Kinostart in Italien: 16. Oktober 1969, Rom ■ Kinostart in der BRD: 27. Januar 1970

LA CADUTA DEGLI DEI (Götterdämmerung) / Die Verdammten
Italien / Schweiz / Bundesrepublik Deutschland 1969

Ingrid Thulin, Helmut Berger

Filmografie: Alfons Maria Arns

Quellen: „La caduta degli dei" (Götterdämmerung) di Luchino Visconti, hg. v. Stefano Roncoroni. Bologna: Cappelli, 1969. ■ Elaine Mancini: Luchino Visconti – a guide to references and resources. Boston: G. K. Hall, 1986. ■ Abspanndaten DVD „La caduta degli dei", Istituto Luce, Rom 2000. ■ Il cinema di Luchino Visconti, hg. v. Veronica Pravadelli. Rom: SNC, 2000.

MORTE A VENEZIA
Tod in Venedig
Italien/Frankreich 1971

Dirk Bogarde, Björn Andresen

Filmografie: Alfons Maria Arns

Quellen: „Morte a Venezia" di Luchino Visconti, hg. v. Lino Miccichè. Bologna: Cappelli, 1971. ■ Elaine Mancini: Luchino Visconti – a guide to references and resources. Boston: G.K. Hall, 1986. ■ Il cinema di Luchino Visconti, hg. v. Veronica Pravadelli. Rom: SNC, 2000.

Regie: Luchino Visconti ■ Buch: Luchino Visconti, Nicola Badalucco (nach der Novelle *Der Tod in Venedig* von Thomas Mann)

Kamera: Pasquale De Santis ■ Kameraführung: Mario Cimini, Michele Cristiani ■ Kameraassistenz: Marcello Mastrogirolami, Giovanni Fiore, Roberto Gengarelli ■ Schnitt: Ruggero Mastroianni ■ Schnittassistenz: Lea Mazzocchi ■ Ton: Vittorio Trentino ■ Musik: Sinfonie Nr. 3 (4. Satz: Misterioso) und Sinfonie Nr. 5 (4. Satz: Adagietto) von Gustav Mahler; Orchestra Stabile dell'Accademia Nazionale di Santa Cecilia, Altstimme: Lucretia West, Dirigent: Franco Mannino; *Für Elise* von Ludwig van Beethoven, *Wer bei den Frauen Glück haben will* von Armando Gil; *Wiegenlied* von Modest Mussorgskij ■ Production Design: Ferdinando Scarfiotti ■ Requisiten: Nedo Azzini, Osvaldo Desideri, Gianfranco De Dominicis ■ Kostüme: Piero Tosi, Gabriella Pescucci ■ Maske: Mario Di Salvio, Mauro Gavazzi, Goffredo Rocchetti ■ Frisuren: Luciano Vito, Ida Gilda De Guilmi, Maria Teresa Corridoni ■ Regieassistenz: Albino Cocco, Paolo Pietrangeli ■ Skript: Rometta Pietrostefani ■ Standfotos: Mario Tursi

Darsteller: Dirk Bogarde (Gustav von Aschenbach), Björn Andresen (Tadzio), Romolo Valli (Direktor des Hôtel des Bains), Silvana Mangano (Tadzios Mutter), Nora Ricci (Tadzios Gouvernante), Mark Burns (Alfried), Marisa Berenson (G. v. Aschenbachs Ehefrau), Carole André (Esmeralda), Leslie French (Angestellter von Cook's Reisebüro), Sergio Garfagnoli (Jasciu), Ciro Cristofoletti (Hotelangestellter), Antonio Apicella (Straßenmusikant), Bruno Boschetti (Bahnhofsangestellter), Franco Fabrizi (Barbier), Luigi Battaglia (Alter auf dem Schiff), Dominique Darel (englische Touristin), Mirella Pompili (Hotelgast), Masha Predit (russische Touristin)

Produzent: Luchino Visconti ■ Executive Producer: Mario Gallo, Robert Gordon Edwards ■ Produktionsleitung: Egidio Quarantotto, Anna Davini ■ Aufnahmeleitung: Umberto Sambuco, Bruno Sassaroli, Alfredo Di Santo ■ Produktionssekretariat: Dino Di Dionisio, Annie Rozier ■ Produktion: Alfa Cinematografica, Rom; Production Éditions Cinématographiques Françaises, Paris

Drehzeit: April–August 1970 ■ Drehorte: Hôtel des Bains, Lido, Venedig; Bahnhof, Triest; Cinecittà, Rom ■ Länge: 135' ■ Format: Panavision ■ Farbe: Technicolor

Premiere: 1. März 1971, London ■ Kinostart in Italien: 4. März 1971 ■ Kinostart in der BRD: 4. Juni 1971

Filmografie

LUDWIG
Ludwig II.
Italien / Frankreich / Bundesrepublik Deutschland 1973

Regie: Luchino Visconti ■ Idee und Buch: Luchino Visconti, Enrico Medioli, unter Mitarbeit von Suso Cecchi d'Amico

Kamera: Armando Nannuzzi ■ Kameraführung: Nino Cristiani, Giuseppe Berardini, Federico Del Zoppo ■ Kameraassistenz: Daniele Nannuzzi, Gianni Maddaleni, Sergio Melaranci ■ Schnitt: Ruggero Mastroianni ■ Schnittassistenz: Lea Mazzocchi, Stefano Patrizi ■ Ton: Vittorio Trentino, Giuseppe Muratori ■ Mischung: Romano Pampaloni ■ Musik: Robert Schumann, Richard Wagner, Jacques Offenbach; Orchestra Stabile dell'Accademia Nazionale di Santa Cecilia, Dirigent und Solist am Pianoforte: Franco Mannino ■ Production Design: Mario Chiari, Mario Scisci, Pietro Ferraroli, Oltrona Luchino Visconti ■ Requisiten: Vincenzo Eusepi, Corrado Ricercato, Gianfranco De Dominicis ■ Kostüme: Piero Tosi, Gabriella Pescucci, Maria Fanetti ■ Maske: Alberto De Rossi, Goffredo Rocchetti ■ Frisuren: Grazia De Rossi, Maria Teresa Corridoni ■ Regieassistenz: Albino Cocco, Giorgio Ferrara, Fanny Wessling, Luchino Gastel, Louise Vincent ■ Skript: Renata Franceschi ■ Dialogassistenz: Louise Vincent ■ Standfotos: Mario Tursi

Darsteller: Helmut Berger (König Ludwig II. von Bayern), Romy Schneider (Kaiserin Elisabeth von Österreich), Trevor Howard (Richard Wagner), Silvana Mangano (Cosima von Bülow), Gert Fröbe (Pater Hoffmann), Helmut Griem (Graf Dürckheim), Isabella Telezynska (Königin Mutter), Umberto Orsini (Graf von Holstein), John Moulder Brown (König Otto), Sonia Petrova (Sophie), Folker Bohnet (Joseph Kainz), Heinz Moog (Professor Gudden), Adriana Asti (Lila von Buliowski), Marc Porel (Richard Hornig), Nora Ricci (Gräfin Ida Ferenczy), Mark Burns (Hans von Bülow), Maurizio Bonuglia (Mayer), Bert Bloch (Weber), Helmut Stern (Osterholzer), Anna Maria Hanschke (Herzogin Ludovika), Gernot Möhner (Hesselschwerdt), Karl Heinz Peters (Washington), Wolfram Schaerf (Crailsheim)

Produzent: Ugo Santalucia ■ Executive Producer: Robert Gordon Edwards ■ Produktionsleitung: Lucio Trentini ■ Aufnahmeleitung: Giorgio Russo, Federico Tocci, Klaus Zeissler, Albino Morandin ■ Produktion: Mega Film, Rom; Cinetel S.A., Paris; Dieter Geissler Filmproduktion - Divina Film, München

Drehzeit: Januar–Juni 1972 ■ Drehorte: Schlösser Neuschwanstein, Hohenschwangau, Linderhof, Herrenchiemsee, Nymphenburg, Possenhofen; Kaiservilla, Bad Ischl; Cinecittà, Rom ■ Länge: 184' (Bonner Premierenkopie), 143' bzw. 135' (dt. Verleihkopien vom März bzw. Oktober 1973), 264' (integrale Neumontage / Filmfestival Venedig 1980), 237' (dt. Synchronisation der integralen Fassung / ZDF 1993) ■ Format: Panavision ■ Farbe: Technicolor

Premiere: 18. Januar 1973, Bonn ■ Kinostart in Italien: 7. März 1973 ■ Kinostart in der BRD: 22. März 1973

Anmerkung: Der Ludwig-Film hat wegen des umstrittenen Final Cut - direkte Folge von Viscontis Schlaganfall im Juli 1972 nach Ende der Dreharbeiten - eine verwirrende Publikationsgeschichte, was Längen und Versionen betrifft. Die 1980 erfolgte integrale Neumontage kann als authentischste Fassung bezeichnet werden.

Helmut Berger, Trevor Howard

Filmografie: Alfons Maria Arns

Quellen: „Ludwig" di Luchino Visconti, hg. v. Giorgio Ferrara. Bologna: Cappelli, 1973. ■ Elaine Mancini: Luchino Visconti - a guide to references and resources. Boston: G.K. Hall, 1986. ■ ZDF Presse Special „Visconti". Mainz, Februar 1993. ■ Abspanndaten DVD „Ludwig II.", Kinowelt Home Entertainment GmbH 2000. ■ Il cinema di Luchino Visconti, hg. v. Veronica Pravadelli. Rom: SNC, 2000.

Alfons Maria Arns

Literatur
in chronologischer Reihenfolge
innerhalb der einzelnen Rubriken

Allgemeine Literatur

Callegari, Giuliana / Lodato, Nuccio (Hg.): Leggere Visconti. Scritti, interviste, testimonianze e documenti di e su Luchino Visconti con una bibliografia critica generale. Pavia: Amministrazione provinciale, 1976. ■ Di Giammatteo, Fernaldo (Hg.): La controversia Visconti. Rom: Ateneo e Bizzarri, 1976 (Bianco & Nero, Jg. 37, Nr. 9/12, Sept./Dez. 1976). ■ Ferrero, Adelio (Hg.): Visconti: il cinema. Modena: Comune, 1977 (= Ausst.-Ktlg.). ■ D'Amico de Carvalho, Caterina (Hg.): Album Visconti, Mailand: Sonzogno, 1978. ■ D'Amico de Carvalho, C. / Renzi, Renzo: Luchino Visconti – Il mio teatro, Volume I (1936–1953) und Volume II (1954–1976. Bologna: Cappelli, 1979. ■ Wolfzettel, Friedrich: Familien- und Fremdenthematik im Werk Viscontis. Zu einer psychologisch-thematisierenden Sicht des Adaptionsproblems. In: Literatur in Film und Fernsehen: Von Shakespeare bis Beckett, hg. v. Herbert Grabes. Königstein/Ts.: Scriptor, 1980, S. 57–80. ■ Baldelli, Pio: Luchino Visconti. Mailand: Mazzotta, 1983 (1973). ■ Servadio, Gaia: Luchino Visconti – a biography. New York: Franklin Watts, 1983 (London: Weidenfeld & Nicolson, 1981). ■ Ishaghpour, Youssef: Luchino Visconti – Le sens et l'image. Paris: Éd. La Différence, 1984. ■ Jansen, Peter W. / Schütte, Wolfram: Luchino Visconti. München/Wien: Hanser, 1985 (1975). ■ Aristarco, Guido: Su Visconti – materiali per una analisi critica. Rom: La Zattera di Babele, 1986. ■ Sanzio, Alain / Thirard, Paul-Louis: Luchino Visconti, cinéaste, Paris: Persona, 1986 (1984). ■ Villien, Bruno: Visconti. Paris: Calmann-Lévy, 1986. ■ Schifano, Laurence: Luchino Visconti – Fürst des Films. Gernsbach: Katz, 1988 (frz.: Les feux de la passion, Paris: Perrin, 1987). ■ De Giusti, Luciano: I film di Luchino Visconti. Rom: Gremese, 1990 (1985). ■ Magny, Joël: Luchino Visconti, ou la beauté fragile. In: Cahiers du cinéma, Nr. 429, März 1990, S. 34–41. ■ Deleuze, Gilles: Das Zeit-Bild. Kino 2. Frankfurt am Main: Suhrkamp, 1991 (frz.: Cinéma 2. L'image-temps, Paris 1985). ■ Bencivenni, Alessandro: Luchino Visconti. Mailand: Il Castoro, 1994. ■ Mannino, Franco: Visconti e la musica. Lucca: Akademos & Lim, 1994. ■ Renzi, Renzo: Visconti segreto. Rom/Bari: Laterza, 1994. ■ Schüler, Rolf (Hg.): Visconti. Berlin: Berliner Filmkunsthaus Babylon, 1995. ■ Aristarco, Guido u. Teresa (Hg.): Su Visconti, vent'anni dopo. In: Cinema Nuovo, Jg. 45, Nr. 360, Mai-Aug. 1996, S. 8–58. ■ Cecchi d'Amico, Suso: Storie di cinema (e d'altro) raccontate a Margherita d'Amico. Mailand: Garzanti, 1996. ■ Bruni, David / Pravadelli, Veronica (Hg.): Studi viscontiani. Venedig: Marsilio, 1997. ■ Gastel Chiarelli, Cristina: Musica e memoria nell'arte di Luchino Visconti, Mailand: Archinto, 1997. ■ Bacon, Henry: Visconti – Explorations of Beauty and Decay: Cambridge: Cambridge University Press, 1998. ■ Berger, Helmut: Ich – Die Autobiographie. Berlin: Ullstein, 1998. ■ Liandrat-Guigues, Suzanne: Le couchant et l'aurore. Sur le cinéma de Luchino Visconti. Paris: Méridiens Klincksieck, 1999. ■ Bernardi, Sandro (Hg.): Visconti. In: Drammaturgia, Nr. 7, 2000, S. 5–155. ■ Pravadelli, Veronica (Hg.): Il cinema di Luchino Visconti. Rom: SNC, 2000. ■ Lagny, Michèle: Luchino Visconti – Vérités d'une légende. Paris: Bifi/Durante, 2002. ■ Miccichè, Lino: Luchino Visconti – Un profilo critico. Venedig: Marsilio, 2002 (1996). ■ Nowell-Smith, Geoffrey: Luchino Visconti. London: BFI, 2003 (Third Edition). ■ Rondolino, Gianni: Luchino Visconti. Turin: UTET, 2003 (1981). ■ Tramontana, Gaetano: Invito al cinema di Luchino Visconti, Mailand: Mursia, 2003.

Bibliografien

Mancini, Elaine: Luchino Visconti – a guide to references and resources. Boston (Mass.): G.K. Hall, 1986. ■ Montesi, Antonella: BiblioVisconti – Volume 1. Rom: Scuola Nazionale di Cinema / Fondazione Istituto Gramsci, 2001.

„Deutsche Trilogie"

Bianchi, Pietro: Trilogia germanica. In: „Ludwig" di Luchino Visconti, hg. v. Giorgio Ferrara. Bologna: Cappelli, 1973, S. 11–27. ■ Kochenrath, Hans Peter: Der Untergang als Sinnenfest – Ein Italiener, der deutsches Sterben zelebrierte. Zum Tod des Filmregisseurs Luchino Visconti. In: Die Zeit, 26. 3. 1976. ■ Bogarde, Dirk: Snakes and Ladders. London: Chatto & Windus, 1978. ■ Carrio, Françoise: Germanisme et théatralité dans le cinéma de Luchino Visconti. Montpellier, März 1980 (=Diss.). ■ Badalucco, Nicola: Come si scrive una sceneggiatura. In: Cinema & Cinema, Jg. 16, Nr. 56, Sept.-Dez. 1989, S. 9–18. ■ Lagny, Michèle (Hg.): Visconti – classicisme & subversion. Paris: Publication de la Sorbonne nouvelle, 1990. ■ Eco, Umberto: Do your movie yourself. Multiples Sujet für Luchino Visconti (1972). In: Ders.: Platon im Striptease-Lokal. Parodien und Travestien. München/Wien: Hanser, 1990, S. 127–129. ■ Aristarco, Guido: Der späte Visconti zwischen Wagner und Mann. In: Film und Fernsehen, Jg. 20, Nr. 5, 1992, S. 18–25 (ital.: La trilogia tedesca. In: Studi viscontiani, hg. v. David Bruni / Veronica Pravadelli. Venedig: Marsilio, 1997, S. 131–143). ■ Arns, Alfons: Von der Romantik zur Barbarei. Luchino Viscontis filmische Blicke auf Deutschland und die Deutschen. In: Zibaldone. Zeitschrift für italienische Kultur der Gegenwart, Nr. 16, Nov. 1993, S. 105–120. ■

Arns, Alfons: Die Welt der Kostüme in den Filmen Viscontis. In: Visconti, hg. v. Rolf Schüler. Berlin: Filmkunsthaus Babylon, 1995, S. 61-72. ■ Kiefer, Bernd: Schönheit im Vergehen. Eine Miniatur zur ‚Deutschen Trilogie' von Luchino Visconti. In: Zeichen & Wunder. Vjschr. f. Kultur, Jg. 7, Nr. 25, Apr. 1996, S. 23-28. ■ D'Amico de Carvalho, Caterina / Vergani, Guido: Nel mondo tedesco. In: Dies.: Piero Tosi - Costumi e scenografie. Mailand: Leonardo Arte, 1997, S. 129-131. ■ Pérez Millán, Juan Antonio (Hg.): Luchino Visconti. Valladolid: Semana Internacional de Cine, 2001. ■ Wood, Michael: Death becomes Visconti. In: Sight & Sound, Jg. 13, Nr. 5, Mai 2003, S. 24-27.

LA CADUTA DEGLI DEI

Roncoroni, Stefano (Hg.): „La caduta degli dei" (Götterdämmerung) di Luchino Visconti. Bologna: Cappelli, 1969 (Stefano Roncoroni: Dialogo con l'autore; Il trattamento; La sceneggiatura; I dialoghi definitivi; I titoli). ■ Hoffmann, Hilmar: Zwei teure Minuten der Wahrheit. Viscontis deutsches Film-Abenteuer. In: Christ und Welt, 23.8.1968. ■ Kraatz, Birgit: Götterdämmerung an der Ruhr. Luchino Visconti und die deutsche Vergangenheit. In: Weltwoche, 20.12.1968. ■ Pasolini, Pier Paolo: Kurze Wut / Jener Scheinwerfer des Motorrads / Lieber Visconti (1969). In: Chaos - Gegen den Terror, hg. v. Agathe Haag: Berlin: Medusa, 1981, S. 160-167. ■ Torri, Bruno: Il crepuscolo del realismo. „La caduta degli dei" di Luchino Visconti. In: Cinema sessanta, Nr. 73/74, Dez. 1969/Feb. 1970, S. 93-94 (dt. in: Beiträge zur Film- und Fernsehwissenschaft, Jg. 29, Nr. 31, 1988, S. 11-19). ■ Capdenac, Michel : „Ce petit monde meurtrier"... „Les Damnés" de Luchino Visconti. In: Les lettres françaises, Nr. 1322, 18.-24. 2. 1970, S. 15-17. ■ Schmidt, Giulio (Hg.): „La caduta degli dei". In: Cineforum, Jg. 9, Nr. 90, März 1970, S. 675-692. ■ Roncoroni, Stefano: Visconti dal Macbeth al Götterdämmerung. In: Bianco & Nero, Jg. 31, H. 1/4, Jan./Apr. 1970, S. 144-157. ■ Schlappner, Martin: Der Niedergang einer Familie als politisches Gleichnis. L. Viscontis „La caduta degli dei" im Kino Capitol. In: Neue Zürcher Zeitung, 21. 3. 1970. ■ Schroeter, Werner: Viscontis seriöse Nazioperette. In: Filmkritik, Nr. 3, 1970, S. 139-143. ■ Tarratt, Margaret: „The Damned": Visconti, Wagner and the ‚Reinvention of Reality'. In: Screen, Jg. 11, Nr. 3, Sommer 1970, S. 44-56. ■ Cecchi d'Amico, Suso / Visconti, Luchino: Macbeth 1967. In: Bianco & Nero, Jg. 37, Nr. 9/12, Sept./Dez. 1976, S. 53-72. ■ Joubert-Laurencin, Hervé: Pasolini, Visconti: Les Damnés. In: Caméra/Stylo, Nr. 7, Dez. 1989, S. 122-126. ■ Arns, Alfons: „Germania come patria dell'angoscia" - Die Physiognomie des Nazismus in Luchino Viscontis „La caduta degli dei" (Götterdämmerung). In: Widergänger. Faschismus und Antifaschismus im Film, hg. v. Joachim Schmitt-Sasse. Münster: MakS, 1993, S. 216-253. ■ Stiglegger, Marcus: Sadiconazista - Faschismus und Sexualität im Film. St. Augustin: Gardez! 1999, S. 80-95. ■ Boujut, Michel (Hg.): „Les Damnés". Un film de Luchino Visconti. In: L'Avant-Scène Cinéma, Nr. 501, Apr. 2001, S. 1-138 (Découpage intégral, après montage; Dossier).

MORTE A VENEZIA

Miccichè, Lino (Hg.): „Morte a Venezia" di Luchino Visconti, Bologna: Cappelli, 1971 (Lino Miccichè: Visconti e le sue ragioni; Mann su „La morte a Venezia"; Un incontro al magnetofono con Luchino Visconti; Qualche domanda a Nicola Badalucco / Franco Mannino / Mario Gallo; Una prima scaletta-trattamento; La sceneggiatura letteraria; La sceneggiatura desunta; I titoli). ■ Torri, Bruno: Luchino Visconti e Thomas Mann. In: Cinema sessanta, Nr. 81/82, Jan./Apr. 1971, S. 57-65. ■ Comuzio, Ermanno: Mann, Mahler, Visconti. In: Cineforum, Jg. 11, Nr. 102, Apr. 1971, S. 57-62. ■ Brustellin, Alf: Viscontis „Der Tod in Venedig". Ein Film nach der Novelle von Thomas Mann bei den Festspielen in Cannes. In: Süddeutsche Zeitung, 26.5.1971. ■ Schlappner, Martin: „Der Tod in Venedig" - Luchino Viscontis neuer Film im Kino Le Paris. In: Neue Zürcher Zeitung, 5.6.1971. ■ Schlappner, Martin: Luchino Viscontis Auseinandersetzung mit Thomas Mann. Noch einmal „Der Tod in Venedig" im Zürcher Kino Le Paris. In: Neue Zürcher Zeitung, 19.6.1971. ■ Jenny, Urs: Luchino Visconti: Der Tod in Venedig. In: Filmkritik, H. 7, Juli 1971, S. 378-380. ■ Améry, Jean: Venezianische Zaubereien. Luchino Visconti und sein „Tod in Venedig". In: Merkur, Jg. 25, H. 8, Aug. 1971, S. 808-812. ■ Kaiser, Joachim: Nur Venedig in Venedig. Luchino Viscontis „Der Tod in Venedig" im Münchner Tivoli. In: Süddeutsche Zeitung, 1. 10. 1971. ■ Mann, Michael: Der verfilmte Tod in Venedig. Offener Brief an Luchino Visconti. In: Süddeutsche Zeitung, 20./21. 11. 1971. ■ Günther, Joachim: „Der Tod in Venedig" - Randbemerkungen zu Film und Buch. In: Neue Deutsche Hefte, Jg. 18, Nr. 132, H. 4, 1971, S. 89-99. ■ Daney, Serge / Oudart, Jean-Pierre: Le Nom-de-l'Auteur (à propos de la „place" de „Mort à Venise"). In: Cahiers du cinéma, Nr. 234/235, Dez./Jan.-Feb. 1972, S. 79-92. ■ Hutchison, Alexander: Luchino Visconti's „Death in Venice". In: Literature / Film Quarterly, Jg. 2, Nr. 1, Winter 1974, S. 31-43. ■ Ishaghpour, Youssef: Visconti et Thomas Mann. In: Magazine littéraire, Nr. 105, Okt. 1975, S. 26-27. ■ Faulstich, Ingeborg:

Luchino Visconti: „Tod in Venedig" – ein Vergleich von Film und literarischer Vorlage. In: Werner u. Ingeborg Faulstich, Modelle der Filmanalyse. München: Fink, 1977, S. 14–60. ■ Sperlich, Hans-G. (Hg.): Der Tod in Venedig – Hommage à Thomas Mann et Luchino Visconti. Zeichnungen, Aquarelle und Gemälde von Jörg Madlener und Jan Vanriet. Darmstadt: Kunsthalle am Steubenplatz, 1978 (= Ausst.-Ktlg.). ■ Seitz, Gabriele: Film als Rezeptionsform von Literatur. Zum Problem der Verfilmung von Thomas Manns Erzählungen „Tonio Kröger", „Wälsungenblut" und „Der Tod in Venedig". München: tuduv, 1979. ■ Bleicher, Thomas: Zur Adaptation der Literatur durch den Film: Viscontis Metamorphose der Thomas-Mann-Novelle „Tod in Venedig". In: Neophilologus, Jg. 64, Nr. 4, Okt. 1980, S. 479–492. ■ Mayer, Hans: Tod in Venedig – Ein Thema mit Variationen. In: Ders.: Thomas Mann. Frankfurt am Main: Suhrkamp, 1980, S. 370–385. ■ Renner, Rolf Günter: Das Ich als ästhetische Konstruktion. „Der Tod in Venedig" und seine Beziehung zum Gesamtwerk Thomas Manns. Freiburg: Rombach, 1987, S. 143–158. ■ Fischer, Kurt von: Gustav Mahlers Adagietto und Luchino Viscontis Film „Morte a Venezia". In: Verlust und Ursprung. Festschrift für Werner Weber, hg. v. Angelika Maass. Zürich: Ammann, 1989, S. 44–52. ■ Arns, Alfons: Ästhetische Analyse oder Vergleich. Literaturverfilmungen zwischen Autonomie und Abhängigkeit. In: Medien praktisch, Nr. 3, 1991, S. 4–8. ■ Hess-Lüttich, Ernest W.B./Liddell, Susan A.: Medien-Variationen. Aschenbach und Tadzio in Thomas Manns „Der Tod in Venedig", Luchino Viscontis „Morte a Venezia", Benjamin Brittens „Death in Venice". In: Kodicas/Code, Jg. 14, Nr. 1/2, Jan./Juni 1991, S. 145–161. ■ Delassalle, Béatrice: Luchino Viscontis „Tod in Venedig" – Übersetzung oder Neuschöpfung. Aachen: Shaker, 1994. ■ Arns, Alfons: „Morte a Venezia". In: Metzler-Film-Lexikon, hg. v. Michael Töteberg. Stuttgart/Weimar: Metzler, 1995, S. 387–389. ■ Naglia, Sandro: Mann, Mahler, Visconti: „Morte a Venezia". Pescara: Tracce, 1995. ■ Singer, Irving: „Death in Venice". In: Ders.: Reality Transformed. Film as Meaning and Technique. Cambridge (Mass.) / London: MIT Press, 1998, S. 103–127. ■ Radigales, Jaume: Muerte en Venecia / Morte a Venezia. Barcelona: Ed. Paidós, 2001. ■ Revoltella, Sarah: La musica in „Morte a Venezia" di Luchino Visconti. In: La Valle dell'Eden, Jg. 3/4, Nr. 8/9, Sept.–Dez. 2001 / Jan.–Apr. 2002, S. 111–130. ■ Testa, Carlo: Mann and Visconti. One Sentry Falls: „Death in Venice" (1971). In: Ders.: Masters of Two Arts. Re-creation of European Literatures in Italian Cinema. Toronto/Buffalo/London: Univ. of Toronto Press, 2002, S. 183–201.

LUDWIG

Ferrara, Giorgio (Hg.): „Ludwig" di Luchino Visconti. Bologna: Cappelli, 1973 (Pietro Bianchi: Trilogia germanica; Enrico Medioli: Ludwig o della solitudine; Giorgio Ferrara: Giornale delle riprese in Austria e Germania; La sceneggiatura; I dialoghi definitivi; I titoli). ■ Hopf, Florian: Ein Mensch, von der Wirklichkeit zerschlagen. Interview mit Luchino Visconti zu seinem Film über Ludwig II.. In: Frankfurter Rundschau, 1.4.1972. ■ Schneider, Helmut: Der Reisende ins Gestern. Anmerkungen zu der Welle der Wiederbelebungsversuche an Ludwig II., König von Bayern. In: Die Zeit, 21.4.1972. ■ Jeremias, Brigitte: Das bayerische Rätsel. Luchino Viscontis Film „Ludwig II.". In: Frankfurter Allgemeine Zeitung, 22.1.1973. ■ Schlappner, Martin: Glanz und Elend eines Zeitalters. Anmerkungen zu Luchino Viscontis „Ludwig". In: Neue Zürcher Zeitung, 19.5.1973. ■ Cecchi d'Amico, Suso / Medioli, Enrico: Brief an Carlo Lizzani vom Juli 1980 (zur integralen Neumontage von „Ludwig"). In: Mostra internazionale del cinema / La Biennale di Venezia. Venedig 1980, S. 102–103. ■ Schlappner, Martin: Notizen zur integralen Fassung von Luchino Viscontis „Ludwig". In: Neue Zürcher Zeitung, 14.5.1981. ■ Daney, Serge: Viscontiens, encore un effort ... Une intégrale de „Ludwig" sur les écrans parisiens. In: Libération, 6.7.1983, S. 23–24. ■ Assayas, Olivier: Autoportrait du cinéaste en despote d'un autre siècle. „Ludwig" de Luchino Visconti. In: Cahiers du cinéma, Nr. 350, Aug. 1983, S. 5–8. ■ Chion, Michel: La loupe et le tableau. „Ludwig" de Luchino Visconti. In: Cahiers du cinéma, Nr. 350, Aug. 1983, S. 9–11. ■ Fieschi, Jacques (Hg.): Dossier: Ludwig, Luchino Visconti. In: Cinématographe, Nr. 91, Juli–Aug. 1983, S. 1–19. ■ Guibbert, Pierre (Hg.): Dossier: Louis II de Bavière. In: Les Cahiers de la Cinémathèque, Nr. 45, 1986 (Le Cinéma des grands hommes), S. 29–50. ■ Jahraus, Oliver: Stoff, Diskurs, Mythos: Ludwig II. als Inszenierung im Film. In: Positionen deutscher Filmgeschichte. 100 Jahre Kinematographie: Strukturen, Diskurse, Kontexte. München: diskurs film, 1996, S. 329–366. ■ Kiefer, Bernd: Der ‚Märchenkönig' als Künstler und Visionär. Ludwig II. in Literatur und Film. In: Genie und Leidenschaft – Künstlerleben im Film, hg. v. Jürgen Felix. St. Augustin: Gardez! 2000, S. 145–166. ■ Revoltella, Sarah: La trama musicale di „Ludwig". In: Bianco & Nero, Jg. 62, Nr. 4, Juli/Aug. 2001, S. 37–73.

Autorinnen und Autoren

Alfons Maria Arns, geb. 1954 in Lennestadt-Meggen, lebt in Frankfurt a. M., Film- und Kinohistoriker. Veröffentlichungen zum deutschen und italienischen Film sowie zur deutschen Film- und Kinoarchitektur. Zuletzt: Nachwort zu *Fritz Wilms – Lichtspieltheaterbauten* (1928; Berlin 2000).

Nicola Badalucco, geb. 1929 in Mailand, lebt in Rom, Journalist, Drehbuchautor. Erstes Drehbuch 1967/68 zusammen mit Enrico Medioli zu LA CADUTA DEGLI DEI, darauf MORTE A VENEZIA. Drehbücher zu über 30 Filmen von Bolognini, Montaldo, Clément u.a. Mitglied der Kommission für die „Oscar"-Preisträger, Sektion Drehbuch.

Helmut Berger (d.i. Helmut Steinberger), geb. 1944 in Bad Ischl, lebt in Rom, Schauspieler. Debüt in Viscontis LA STREGA BRUCIATA VIVA. Danach LA CADUTA DEGLI DEI, LUDWIG, GRUPPO DI FAMIGLIA IN UN INTERNO. Weitere Rollen in IL GIARDINO DEI FINZI CONTINI (1971), SALON KITTY (1975), LUDWIG 1881 (1993). Autobiografie *Ich* (1998).

Dirk Bogarde, geb. 1921 in London – dort gest. 1999, Schauspieler. Spielte in über 70 Filmen für Regisseure wie Losey, Cavani, Resnais, Fassbinder, Tavernier. Zusammenarbeit mit Visconti in LA CADUTA DEGLI DEI und MORTE A VENEZIA. Autor von Kritiken, Essays, Kurzgeschichten und Autobiografien.

Helmut Griem, geb. 1932 in Hamburg, lebt in München, Schauspieler. Prägende Theaterregisseure: Hans Bauer und Hans Lietzau. Langjähriges Mitglied der Münchner Kammerspiele. Zusammenarbeit mit Visconti in LA CADUTA DEGLI DEI und LUDWIG. In Viscontis *Zauberberg*-Projekt hätte er Hans Castorp spielen sollen.

Hans Werner Henze, geb. 1926 in Gütersloh, lebt bei Rom, Komponist. Die Freundschaft mit Visconti und die Zusammenarbeit bei dem Ballett *Maratona di danza* (Berlin 1957) hat er in Aufsätzen dokumentiert.

Silvana Mangano, geb. 1930 in Rom, gest. 1989 in Madrid, Schauspielerin. Zusammenarbeit mit Visconti in LA STREGA BRUCIATA VIVA, MORTE A VENEZIA, LUDWIG, GRUPPO DI FAMIGLIA IN UN INTERNO.

Michael Mann, geb. 1919 in München als sechstes und jüngstes Kind von Katia und Thomas Mann, gest. 1977 in Orinda/Kalifornien, Literaturwissenschaftler. Zunächst Bratschist. Promotion über Heinrich Heines Musikkritiken. War mit der Herausgabe der Tagebücher seines Vaters befasst.

Marina Marcellini, geb. 1955 in Rom, lebt dort. Forschungen über Viscontis Theaterproduktionen nach 1945 in Beziehung zur Theaterpolitik. Mitarbeit am Programm zum 100. Geburtstag Viscontis.

Ruggero Mastroianni, geb. 1929 in Rom, lebt dort, Schnittmeister. Beginn der Zusammenarbeit mit Visconti bei LO STRANIERO. Er besorgte 1978–80 die integrale Neumontage von LUDWIG. Schnitt für Filme von Fellini, Rosi, Ferreri und Petri.

Enrico Medioli, geb. 1925 in Parma, lebt bei Orvieto, Drehbuchautor. Er begann als Regieassistent bei Visconti und gehörte von ROCCO E I SUOI FRATELLI an zum ständigen Drehbuchteam. Zusammenarbeit mit Leone bei ONCE UPON A TIME IN AMERICA (1984). Zuletzt Co-Autor bei Ferraras TOSCA E ALTRE DUE (2002).

Lino Miccichè, geb. 1934, lebt in Rom, Filmkritiker und -historiker, Professor an der Università di Roma III. Er war Präsident der Biennale di Venezia, Gründer und Leiter der Mostra Internazionale del Nuovo Cinema in Pesaro. Bis 2002 Präsident der Scuola nazionale di cinema (SNC), Rom. Philologisch-editorische Studien zum Gesamtwerk Viscontis.

Alberto Moravia, geb. 1907 in Rom, dort gest. 1990, Schriftsteller. Über 2000 Filmkritiken für *L'Espresso*. Mitarbeit bei Viscontis Film OSSESSIONE.

Romy Schneider, geb. 1938 in Wien, gest. 1982 in Paris, Schauspielerin. Visconti inszenierte 1961 mit ihr und Alain Delon *Schade, dass sie eine Hure war* von John Ford in Paris und gab ihr die Rolle der Pupa in IL LAVORO. 1973 spielte sie die Elisabeth in LUDWIG.

Werner Schroeter, geb. 1945 in Georgenthal bei Gotha, lebt in Berlin, Film-, Theater- und Opernregisseur. Arbeitet zur Zeit in Frankreich und Portugal an dem Film DEUX mit Isabelle Huppert und Bulle Ogier.

Wolfgang Storch, geb. 1943 in Berlin, lebt in Volterra, Autor, Dramaturg, Kurator. Arbeiten zu Wagner, Brecht, Heiner Müller, zum Gesamtkunstwerk, zum Verhältnis der Künste zueinander, außerdem zu den Mythen. Zuletzt: *Der Raum Bayreuth* (2002).

Giorgio Strehler, geb. 1921 in Barcola, gest. 1997 in Lugano, Theaterregisseur. Mit Paolo Grassi gründete er

1947 das Piccolo Teatro in Mailand, setzte hier die Theaterarbeit von Brecht fort und erneuerte das italienische Theater.

Elio Testoni, geb. 1947 in Mesagne, lebt in Rom. Autor und Publizist. Mitglied des Programmkomitees zu Viscontis 100. Geburtstag. Gemeinsam mit Caterina d'Amico zuständig für die Projektentwicklung des Fondo Visconti.

Ingrid Thulin, geb. 1929 in Solleftea, Schweden, lebt in Rom, Schauspielerin. Langjährige Zusammenarbeit mit Ingmar Bergman (u. a. WILDE ERDBEEREN, DAS SCHWEIGEN). Spielte in LA CADUTA DEGLI DEI die Sophie von Essenbeck.

Piero Tosi, geb. 1927 in Sesto Fiorentino, lebt in Rom, Bühnen- und Kostümbildner. Zusammenarbeit mit vielen bedeutenden Regisseuren Italiens. Kostüme für nahezu alle Filme und viele Theater- und Opernszenierungen von Visconti.

Mario Tursi, geb. 1929 in Rom, lebt dort, Fotograf. Standfotograf zuerst bei Castellanis MARE MATTO (1963). Beginn der Zusammenarbeit mit Visconti bei VAGHE STELLE DELL'ORSA… . Seit LA CADUTA DEGLI DEI dessen ständiger Fotograf. Zusammenarbeit mit Pasolini, Rosi, Annaud, Scola, Polanski sowie zuletzt mit Scorsese für GANGS OF NEW YORK (2002).

Bild- und Textnachweis

Bildnachweis
Für alle Fotografien: © Mario Tursi. ■ 44, 46, 47, 48 Figurinen: © Piero Tosi/Tirelli costumi ■ As-Dur-Elegie von Richard Wagner, 1882: Vorlage aus NA/RWG.

Textnachweis
Die ausschließlichen Nutzungsrechte für Originalbeiträge liegen bei der Stiftung Deutsche Kinemathek (SDK). Für Texte oder Textauszüge, die von Carola Jensen (Bamberg), Peter Kammerer (Urbino, Italien) und Klaudia Ruschkowski (Volterra, Italien) im Auftrag der SDK für die vorliegende Publikation übersetzt wurden, liegen die ausschließlichen Nutzungsrechte an den Übersetzungen bei der SDK. Die Inhaber der Verlagsrechte sind in allen Fällen dem folgenden Textnachweis zu entnehmen.

Sofern unselbständigen Textauszügen für die vorliegende Publikation so genannte sprechende Überschriften gegeben wurden, die nicht vom Autor selbst stammen und die nicht mit dem Titel des Buches, des Kapitels oder der sonstigen Quelle übereinstimmen, aus welchem oder aus welcher der Textauszug entnommen wurde, so stehen diese Überschriften in doppelten Anführungsstrichen, insofern es sich um ein wörtliches Zitat aus dem nachfolgenden Text handelt. Der Herausgeber kommt hiermit der entsprechenden urheberrechtlichen Bestimmung nach. In allen Fällen sind die Originalquellen, aus denen die Textauszüge stammen oder übersetzt wurden, den bibliografischen Angaben im Textnachweis zu entnehmen.

Wir danken allen Rechteinhabern für die freundliche Gewährung von nicht-exklusiven Abdruckgenehmigungen und Übersetzungsrechten.

7 Wolfgang Storch: Viscontis Einkehr in die deutsche Geschichte. © 2003 by SDK. ■ 11 Ich, Luchino Visconti. Bekenntnisse und Erinnerungen, gesammelt von Aurelio Di Sovico. Aus dem Italienischen übersetzt von Klaudia Ruschkowski. Quelle: Aurelio Di Sovico: Io, Luchino Visconti. In: Pio Baldelli: Luchino Visconti. Mailand: Gabriele Mazzotta Editore, 1982. S. 337–346. ■ 16 Hans Werner Henze: Trauer um Visconti. Textauszug aus: Hans Werner Henze: Reisebilder mit böhmischen Quinten. Autobiographische Mitteilungen 1926–1995. Frankfurt am Main: S. Fischer Verlag, 1996. Hier: S. 426–429. © 1996 by Hans Werner Henze. ■ 21 Alfons Maria Arns: Viaggio in Germania. © 2003 by SDK. ■ 33 Nicola Badalucco: Im Gespräch mit Elio Testoni und Marina Marcellini. Aus dem Italienischen übersetzt von Klaudia Ruschkowski. © 2003 by SDK. ■ 36 Michael Mann: Der verfilmte Tod in Venedig. Offener Brief an Luchino Visconti. Textauszug aus: Süddeutsche Zeitung vom 20./21. November 1971. Abdruck mit freundlicher Genehmigung von DIZ München GmbH, Content Syndication. ■ 39 Enrico Medioli: Im Gespräch mit Elio Testoni und Marina Marcellini. Aus dem Italienischen übersetzt von Klaudia Ruschkowski. © 2003 by SDK. ■ 43 Piero Tosi: Im Gespräch mit Caterina d'Amico. Aus dem Italienischen übersetzt von Carola Jensen. Textauszug aus: Nel mondo tedesco. In: Caterina d'Amico de Carvalho / Guido Vergani: Piero Tosi. Costumi e scenografie. Mailand: Leonardo Arte SRL, 1997. Hier: S. 129–130. Übersetzung mit freundlicher Genehmigung von Gemma Sala, Mondadori/Electa, Milano. ■ 44: Ingrid Thulin: Im Gespräch mit Renata Helker und Jochen Meyer-Wendt. Textauszug aus: Gespräch mit Ingrid Thulin: „Man konnte nicht gegen das spielen, was man angezogen hatte". In: Filmbulletin, 31. Jg., H. 164, hier: S. 59. Mit freundlicher Genehmigung von Filmbul-

letin, CH-Winterthur. ■ 48 Silvana Mangano: Über MORTE A VENEZIA. Leicht gekürzte Mitschrift aus dem Dokumentarfilm von Carlo Lizzani: Luchino Visconti, RAI/NDR/arte, 2000 ■ 49 Luchino Visconti: Im Gespräch mit Lino Miccichè. Aus dem Italienischen übersetzt von Carola Jensen. Textauszug aus: Lino Miccichè: Un incontro al magnetofono con Luchino Visconti. In: Lino Miccichè (Hg.): „Morte a Venezia" di Luchino Visconti. Bologna: Cappelli, 1971. Hier: S. 115–117. Mit freundlicher Genehmigung von Lino Miccichè, Rom. ■ 50 Wolfgang Storch: Die As-Dur-Elegie von Richard Wagner, von Visconti in LUDWIG eingesetzt. © 2003 by SDK. ■ 51 Luchino Visconti: Das anthropomorphe Kino. Aus dem Italienischen übersetzt von Carola Jensen. Quelle: Luchino Visconti: Il Cinema antropomorfico. In: Cinema. Organo della Federazione degli industriali dello spettacolo. 8. Jg., Bd. 2, H. 172/174 v. 25.9. – 25.10.1943. ■ 53 Helmut Griem: Der Wein auf der Tafel. Auszug aus einem Gespräch mit Wolfgang Storch und Alfons Maria Arns in Berlin, 22.5.2003. © 2003 by SDK ■ 54 Dirk Bogarde: „Diesmal lächelst du!" Aus dem Englischen übersetzt von Klaudia Ruschkowski. Textauszug aus: Dirk Bogarde: Snakes & Ladders. London: Chatto & Windus, 1978. Hier: S. 263–264. © Dirk Bogarde 1978. By permission of PFD on behalf of: The Dirk Bogarde Estate. ■ 55 Dirk Bogarde: Der Blick von Charlotte Rampling. Textauszug aus: Dirk Bogarde: Der Blick. Übersetzt von Susanne Vogel. In: Charlotte Rampling – With compliments. München: Schirmer/Mosel, 1986. Hier: S. 11. © 1986 by Schirmer/Mosel Verlag GmbH, München. By permission of PFD on behalf of: The Dirk Bogarde Estate. ■ 56 Dirk Bogarde: „Alle werden Mahler erwarten". Aus dem Englischen übersetzt von Klaudia Ruschkowski. Textauszug aus: Dirk Bogarde: Snakes & Ladders. London: Chatto & Windus, 1978. Hier: S. 310–311. © Dirk Bogarde 1978. By permission of PFD on behalf of: The Dirk Bogarde Estate. ■ 58 Aus Viscontis Agenda. Textauszug aus Archivalie C 39 - 011986, Fondazione Istituto Gramsci onlus, Rom. Aus dem Italienischen übersetzt von Klaudia Ruschkowski. ■ 58 Björn Andresen: Über die erste Begegnung in Stockholm. Textauszug aus: Caterina Pasolini: Tadzio a Venezia vent'anni dopo. In: La Repubblica, 20. Juli 1988, S. 28. Aus dem Italienischen übersetzt von Klaudia Ruschkowski. ■ 59 Helmut Berger: „Luchino kannte kein Pardon". Textauszug aus: Helmut Berger: Ich. Die Autobiographie. Berlin: Ullstein Buchverlage, 1998. Hier: S. 172 ff. © 1998 by Ullstein Buchverlage. ■ 60 Helmut Griem: „Nehmt euch den Raum!" Auszug aus einem Gespräch mit Wolfgang Storch und Alfons Maria Arns in Berlin, 22.5.2003. © 2003 by SDK. ■ 60 Ruggero Mastroianni: Über den Schnitt. In: epd Film, 9. Jg. 1992, H. 8, S. 15. ■ 61 Romy Schneider: Aus dem Tagebuch. Textauszug aus: Romy Schneider: Ich, Romy. Tagebuch eines Lebens, hg. von Renate Seydel. München: Langen Müller, 1988. Hier: S. 273–274, 285, 323. © 1988 by Langen Müller Verlag in der F.A. Herbig Verlagsbuchhandlung GmbH, München. ■ 62 Giorgio Strehler: Visconti. Aus dem Italienischen übersetzt von Klaudia Ruschkowski. Quelle: Giorgio Strehler: Visconti. In: Sandro Bernardi (Hg.): Visconti (= Numero monografico di Drammaturgia, N. 7). Rom: Salerno, 2000. Hier: S. 5 f. © 2000 by Salerno Editrice S.r.l., Roma. ■ 63 Alberto Moravia: LA CADUTA DEGLI DEI, MORTE A VENEZIA, LUDWIG. Aus dem Italienischen übersetzt von Peter Kammerer. Quelle: Alberto Moravia: Al cinema. Mailand: Bompiani Saggistica, 1975. © R.C.S. Libri SpA Milano, Bompiani 1975. ■ 68 Werner Schroeter: Der lachende Tod. © 2003 by Werner Schroeter. ■ Trotz intensiver Recherchen war es uns nicht in allen Fällen möglich, die Rechteinhaber der Texte ausfindig zu machen. Berechtigte Ansprüche werden selbstverständlich im Rahmen der üblichen Vereinbarungen abgegolten.

Kurator: Wolfgang Storch
Medieninstallation: Thomas Heise
Koordination: Peter Mänz, Kristina Jaspers
Bau: m.o.l.i.t.o.r., Berlin
Grafik: Cliffhouse Grafikdesign, Alex. Weiher
Textredaktion: Annette Vogler
Ausstellungsbüro: Christina Ohlrogge
Mitarbeit: Nils Warnecke, Peter Jammerthal
Programmierung: Maik Bielinski
Schnitt, Titelgrafik: Mike Gürgen, 4flash
Technische Mitarbeit: Roberti Siefert, Stephan Werner
Presse- und Öffentlichkeitsarbeit: Heidi Berit Zapke, Christa Schahbaz

Das in der Ausstellung ausgelegte Typoskript des Treatments zu LA CADUTA DEGLI DEI (Archivalie C36 - 010182, Fondazione Istituto Gramsci onlus, Rom) wurde von Carola Jensen, Bamberg, aus dem Italienischen übersetzt nach: „Luchino Visconti / Nicola Badalucco / Enrico Medioli: Il Trattamento". In: Stefano Roncoroni (Hg.): „La Caduta degli dei" (Götterdämmerung) di Luchino Visconti. Bologna: Cappelli, 1969.

Dank gilt allen Kolleginnen und Kollegen vom Filmmuseum Berlin - Stiftung Deutsche Kinemathek, ganz besonders: Rolf Aurich, Regina Hoffmann, Wolfgang Jacobsen, Wolfgang Theis.

Ausstellungsteam

Arbeiten von Luchino Visconti

Amante di Gramigna, L' (Projekt) 15 ■ *Anthropomorphe Kino, Das* (Manifest, 1943) 24, 51f. ■ BELLISSIMA (Bellissima, 1951) 15, 16, 25 ■ CADUTA DEGLI DEI, LA (Die Verdammten, 1969) 9, 13, 16M, 21, 24F, 25F, 26F, 27F, 28, 28F, 29, 29F, 30, 31, 33–38, 34F, 35F, 43, 43F, 45F, 46F, 47F, 53, 53F, 54M, 54F, 55, 55F, 60M, 63f., 66, 70F GATTOPARDO, IL (Der Leopard, 1963) 7, 14, 17M, 18M, 19, 22, 46, 64 ■ GIORNI DI GLORIA (‚Tage des Ruhms', 1945) 24 ■ GRUPPO DI FAMIGLIA IN UN INTERNO (Gewalt und Leidenschaft, 1974) 14, 18, 28, 40 ■ *Herr und Hund* (*Cane e padrone*, Projekt, 1942) 25 ■ INNOCENTE, L' (L'Innocente – Die Unschuld, 1976) 11, 16M, 42 ■ LAVORO, IL (Der Job, 1962) 27 ■ LUDWIG (Ludwig II., 1973) 2F, 12, 17M, 18M, 21, 22, 23, 27, 28, 31, 32, 40F, 41F, 46, 50M, 59, 59F, 60, 60F, 61M, 61F, 66f., 72F ■ *Macbeth '67* (Projekt, 1967) 29 ■ *Maratona di danza* (Ballett, 1957) 26, 27 ■ *Mario e il mago* (Ballettdrama, 1956) 25, 30 ■ MORTE A VENEZIA (Tod in Venedig, 1971) 6F, 14, 17M, 20, 21, 30f., 31, 32, 33–38, 38F, 43–46, 43F, 47F, 48M, 48F, 49f., 56F., 56F, 57F, 58, 58F, 64ff., 68, 69F, 71F ■ NOTTI BIANCHE, LE (Weiße Nächte, 1957) 18, 27 ■ OSSESSIONE (Ossessione … von Liebe besessen, 1943) 15, 24, 25, 62 ■ *Parenti terribili, I* (Theater, 1945; Jean Cocteau) 17 ■ *Pensione Oltremare* (Projekt, 1944) 24 ■ ROCCO E I SUOI FRATELLI (Rocco und seine Brüder, 1960) 15, 18, 22, 29, 39, 68 ■ *Schade, dass sie eine Hure war* (Theater, 1961; John Ford) 27 ■ SENSO (Sehnsucht, 1954) 16, 19, 22, 25, 62 ■ SIAMO DONNE (‚Wir Frauen', 1953) 15 ■ STRANIERO, LO (Der Fremde, 1967) 29 ■ TERRA TREMA, LA (Die Erde bebt, 1948) 16, 18, 19, 20, 25, 39, 68 ■ TOSCA, LA (Mitwirkung; Jean Renoir und Carl Koch, 1941) 23 ■ *Traviata, La* (Oper, 1955) 26 ■ *Unordnung und frühes Leid* (*Disordine e dolore precoce*, Projekt, 1942) 25 ■ VAGHE STELLE DELL'ORSA… (Sandra, 1965) 7, 8, 19, 28, 39, 41 ■ *Zauberberg, Der* (*La montagna incantata*, Projekt, 1974) 37

Personen

Andresen, Björn 38F, 45, 57F, 58, 58F, 69F, 71F ■ Antonioni, Michelangelo 18 ■ Aristarco, Guido 22, 35, 41 ■ Auden, W. H. 19 ■ Bachmann, Ingeborg 26 ■ Badalucco, Nicola 29, 30, 33–38, 40 ■ Battaglia, Luigi 56F ■ Beethoven, Ludwig 20, 37, 50 ■ Bellocchio, Marco 18 ■ Berger, Helmut 2F, 8, 16M, 28, 29, 29F, 43, 58, 59, 59f., 60, 60F, 64, 67, 70F, 72F ■ Bergman, Ingmar 19, 22M ■ Bergman, Ingrid 37, 43 ■ Bertolucci, Bernardo 18, 22M ■ Bogarde, Dirk 30, 31, 36M, 43F, 45, 54M, 54F, 55, 56f., 56F, 57F, 64, 68, 69F, 71F ■ Borchardt, Rudolf 8 ■ Buñuel, Luis 18f. ■ Cain, James 15, 24 ■ Callas, Maria 26, 62, 69 ■ Camus, Albert 17 ■ Cardinale, Claudia 7, 8, 17M ■ Cavani, Liliana 18, 22M, 23M ■ Cecchi d'Amico, Suso 7, 15, 27, 29, 40, 42 ■ Cocteau, Jean 17, 23 ■ Courrèges, André 43 ■ D'Annunzio, Gabriele 7, 13 ■ De Santis, Pasquale (Pasqualino) 45 ■ De Sica, Vittorio 18, 22M, 23M ■ Delon, Alain 17M, 27, 68 ■ Dietrich, Marlene 17f. ■ Dostojewskij, Fjodor 27, 40, 63, 64 ■ Edzard, Christine 43 ■ Elisabeth, Kaiserin von Österreich (Sissi) 23, 61M ■ Erhard, Ludwig 9 ■ Fassbinder, Rainer Werner 21, 22M ■ Fellini, Federico 18 ■ Ford, John 27 ■ Galli, Ida 46 ■ Garfagnoli, Sergio 38F ■ Gavazzi, Mauro 56 ■ Godard, Jean-Luc 18 ■ Griem, Helmut 27, 29F, 53, 53F, 60, 60F, 67 ■ Heine, Heinrich 19 ■ Hemingway, Ernest 23 ■ Henze, Hans Werner 16–20, 26 ■ Hercolani, Domietta 15 ■ Himmler, Heinrich 63 ■ Hitler, Adolf 9, 41, 63, 64, 66 ■ Hochhuth, Rolf 9 ■ Horst P. Horst 23f. ■ Howard, Trevor 67, 72F ■ Kiesinger, Georg 9 ■ Klarsfeld, Beate 9 ■ Koch, Pietro 13, 24, 25 ■ Kolldehoff, René 28F ■ Krupp, Familie 9, 29, 63 ■ Lancaster, Burt 14 ■ Leopardi, Giacomo 8 ■ Ludwig II., König von Bayern 23, 32, 50M, 59, 66f. ■ Magnani, Anna 16 ■ Mahler, Gustav 20, 26, 36M, 37, 49f., 56, 57, 65, 68 ■ Mangano, Silvana 14, 43, 45, 46, 48M, 48F, 67, 68 ■ Mann, Erika 37 ■ Mann, Golo 22, 37 ■ Mann, Klaus 23, 32 ■ Mann, Michael 30f., 36f.M ■ Mann, Thomas 14, 20, 22, 25, 29, 30, 31, 32, 35, 36f., 36M, 37, 38, 39, 40, 45, 50, 56, 58, 63, 64ff., 68 ■ Mannino, Franco 25, 42, 50M ■ Mastroianni, Ruggero 42, 60M ■ Maupassant, Guy 27 ■ Medioli, Enrico 15, 28, 29, 31, 33, 36, 39–42 ■ Moravia, Alberto 63–67 ■ Mozart, Wolfgang Amadeus 20 ■ Musil, Robert 29 ■ Mussolini, Benito 24, 26 ■ Mussorgskij, Modest 31, 49 ■ Nannuzzi, Armando 60 ■ Nietzsche, Friedrich 49, 50 ■ Notarianni, Pietro 33, 34 ■ Orsini, Umberto 30, 67 ■ Petrova, Sonia 67 ■ Platen, August von 37 ■ Pontecorvo, Gillo 28 ■ Predit, Masha, 31, 49 ■ Profumo, John Dennis 29 ■ Proust, Marcel 20, 40, 42 ■ Rampling, Charlotte 30, 55, 55F, 64 ■ Renoir, Jean 15, 23, 24 ■ Resnais, Alain 28 ■ Riefenstahl, Leni 23 ■ Röhm, Ernst 64 ■ Rosi, Francesco 18, 23M ■ Rosselini, Roberto 18, 22, 23, 23M ■ Russell, Ken 18 ■ Samoilowa, Tatjana (Samoilova) 58 ■ Sartre, Jean-Paul 23, 37M ■ Schell, Maria 27 ■ Schlöndorff, Volker 29 ■ Schneider, Romy 2F, 27, 59, 61M, 61F, 67 ■ Schubert, Franz 25 ■ Shakespeare, William 9, 11, 12, 13, 27, 29, 33, 35, 39, 40, 63 ■ Stendhal (Henri Beyle) 40 ■ Strauss, Richard 20, 50, 68 ■ Strehler, Giorgio 17, 62 ■ Testori, Giovanni 40 ■ Thulin, Ingrid 43, 44M, 45F, 64, 70F ■ Thyssen, Familie 63 ■ Tirelli, Umberto 43, 46 ■ Togliatti, Palmiro 16, 19M ■ Toscanini, Arturo 13, 50M ■ Toscanini, Wanda 11 ■ Tosi, Piero 42, 43–46, 43F, 44Fi, 45F, 46Fi, 47Fi, 48Fi ■ Vanka, Irina 47F ■ Verdi, Guiseppe 11, 20, 35 ■ Verga, Giovanni 15, 16, 19 ■ Vionnet, Madeleine 43 ■ Viscontis Familie 7, 8, 11, 12, 14, 45, 48M ■ Wagner, Cosima 50M ■ Wagner, Richard 13, 20, 22, 23, 32, 50F/M, 63 ■ Zeffirelli, Francesco 18

F = Fotografie
Fi = Figurine
M = Marginalspalte

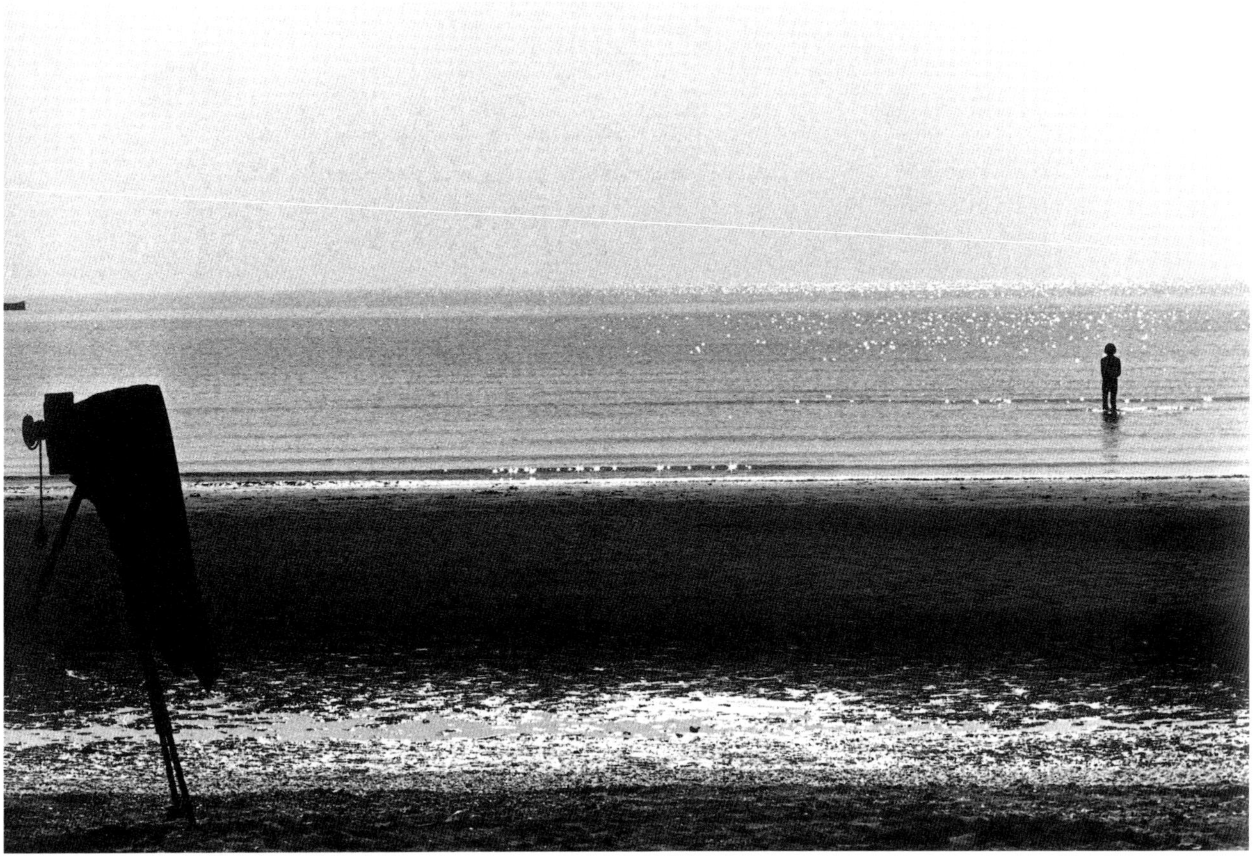